教養として学んでおきたい
女性天皇

原田実

マイナビ新書

はじめに

女性天皇容認、さらに進んで女系天皇容認の是非がさかんに議論されたのは2005~2006年にかけてのことでした。当時、皇太子浩宮殿下（現今上陛下・徳仁）と秋篠宮文仁親王殿下の次の世代の皇族に男性がいなかったため、政府で有識者会議を組織して、皇室制度を存続させるために女性天皇・女系天皇の容認は必要か、必要だとすればそのための制度改正はどのように進められるべきかを問いました。

その当時は、女性天皇・女系天皇の容認の是非をめぐって民間でも多くの議論がなされ、メディアもネットも巻き込む形で多くの意見が出されました。

しかし、その議論は2006年9月、秋篠宮悠仁親王殿下の誕生を以て一気に沈静化し、すでにそのような議論があったことさえ忘れられた感があります。

さて、2021年秋、秋篠宮眞子内親王殿下（現小室眞子氏）の結婚をめぐる報道ラッシュは記憶に新しいところです。その過熱ぶりは、現在の女性皇族が置かれている立場の微妙さを浮き彫りにするものでした。

日本国憲法では、婚姻は当事者双方の合意のみに基づいて成立するとしており、その婚姻意思が明確である以上、外から口出しされるべきいわれはありません。また、その双方が成人で、非近親者である以上、民法によっても規制される要件はないのです。当事者以外で関係すると言えばせいぜい家族くらいのものでしょう。

ところが、メディアは眞子内親王の結婚をめぐるトラブルがあたかも日本国民全体の問題であるかのように扱い、当事者へのバッシングを繰り返したのです。

現行の皇室の制度では、女性は皇族であっても皇位継承順位からは外されています。したがって女性皇族の結婚が皇位に影響を及ぼすことも考えにくいのです。しかし、女性皇族は「世論」から男性皇族と同様、あるいはそれ以上の重圧をかけられています。その矛盾が、秋篠宮眞子内親王の結婚報道から露呈したというわけです。

皇室における女性皇族の立場を見なおし、ひいては未来における皇室の在り方を考えていくためには、かつて女性皇族も皇位継承権を有していた時代について学ぶ必要があるでしょう。本書は、天皇制の成立以前にまで遡って、日本史における女性天皇およびそれに準ずる女性君主の歴史を解明していくものです。

なお、最近の議論では、女性天皇と女系天皇が混同されがちな傾向がありますが、その両者は別物です。女性天皇は文字通り女性の天皇を意味するものです。しかし、女系天皇とは、母方でのみ皇統とつながった天皇を意味します。つまりは女性天皇もしくは内親王の子で父方は皇族ではない人物もしくはその子孫が皇位についた場合にその人は女系天皇となるわけです。

日本以外では、たとえば現在の英国王室はヴィクトリア女王（在位1837〜1901）の直系ですが、女王の御夫君（プリンス・コンソート）アルバートはドイツ連邦のザクセン公国出身なので英国の王位は女系で継承されています（次期国王も現エリザベス女王の子もしくは孫となるので女系で継承されることになります）。

本書で取り上げた女性天皇の子で父方が皇族でない人物が皇位についた例、あるいは内親王と皇族ではない男性との間の子が皇位についた例はありません。したがって女系天皇は日本史上、いまだ存在していないことになります。女性天皇は容認できるという論者でも女系天皇に忌避を示すことがままある理由はまさにこの前例がないという事実に基づくものです（この点、「あとがき」でも触れます）。


なお、本題に入る前に本書に出てくる用語について解説しましょう。

父系制・母系制は家ごとの代表者（家長）権や称号、財産主が父方の血縁によって相続されるか、母方の血縁によって相続されるか、という制度を区別したものです。

父系制はヨーロッパ、イスラム世界など多くの文化で認められます。東アジアではかつては母系制も行われていましたが、地域全体にもっとも大きな影響力を持った中華文明が父系制だったために次第に衰えていき、今では中国雲南省やベトナムなどの少数民族に見られる程度となっています。母系制社会では、首長の家柄も母系のつながりで構成されますが、実際の首長はその家柄の男子、もしくは女子の配偶者などの男性が務めることが多いのです。

また、母系制社会から父系制社会に変化する過程では、父方と母方の双方で家長権や財産などが継承される双系社会が形成されることがあります。

早くから父系制社会を前提に国家を形成していた中華文明やヨーロッパ文明では君主（王、皇帝）の地位も男系によって相続されていました。

また、そのどちらの文明でも家柄を示す姓氏にあたるものは父から子に男系で継承されていました。そこで男系による君主の連続性としての王朝（英語ではDynasty）は、その君主の家柄の姓氏によって区分することができます。いったん姓氏制度が確立されて首長権が女系で相続された場合も家名を変えないことで連続性を主張することはできます。たとえば現在の英国王室はウィンザーという家名で、エリザベス女王は結婚後もその姓を守ったため、今後の英国王室も一貫してウィンザー朝と呼ばれることになるでしょう。

日本では、家柄を示す名称として、祖先を同じくする血縁集団を示していた「氏」、天皇から与えられた家名とされる「姓」、新たに家を興した時に名乗る「名字（苗字）」があり、それらは本来区別されていましたが、現在では混同されがちです。

古代日本では、姓氏制度が形成されていく経緯と、大王（後の天皇）の地位・称号が特定の家柄に独占されていく経緯が並行して進んだため、王家というだけで他の家柄と区別できる状況が生じ、その結果、天皇家に姓氏・名字にあたるものがないという東アジアでも特異な風習が完成しました。

ただし、中国正史の『隋書』などでは倭王の姓は「阿毎《あめ》」、『宋史』では日本天皇の姓は「王」と記されています。これは君主に姓氏がないという文化が中国人には理解できず、倭王の称号だったアメ（天）や、平安時代に天皇家を意味する語だった「王家」を姓として解釈したためでしょう。

本文でも説明しますが、氏姓制度が整う前の日本列島では首長権も男系でのみ相続されていたかは不明瞭です。そこで本書では古代日本についての王朝と用語を用いることをなるべく避けています。

なお、天皇の崩御もしくは譲位（生前退位）により皇位継承者が新たな天皇となることは践祚《せんそ》といい、新たな天皇が儀式を通じてその皇位を広めることを意味する即位とは、本来別のものです。しかし、皇位継承制度が確立していない上代では、その区別は難しく、本書では即位で統一しました。

※女性天皇は日本の歴史上では、８人10代存在します。８人のうち２人は重祚《ちょうそ》（一度退位した後、再び天皇に就くこと）にあたります。６世紀から８世紀にかけて６人８代、17世紀から18世紀にかけて２人２代になります。

〈６世紀～８世紀〉
①推古天皇（第33代、在位５９３～６２８）
②皇極天皇（第35代、在位６４２～６４５）
③斉明天皇（第37代、在位６５５～６６１）＝皇極天皇が重祚
④持統天皇（第41代、在位６９０～６９７）
⑤元明天皇（第43代、在位７０７～７１５）
⑥元正天皇（第44代、在位７１５～７２４）
⑦孝謙天皇（第46代、在位７４９～７５８）
⑧称徳天皇（第48代、在位７６４～７７０）＝孝謙天皇が重祚

〈17世紀～18世紀〉
⑨明正天皇（第１０９代、在位１６２９～１６４３）
⑩後桜町天皇（第１１７代、在位１７６２～１７７０）

教養として学んでおきたい女性天皇

目次

第3章　皇極・斉明天皇

第6章　光明皇后と孝謙・称徳天皇

第1章

伝説の女王・女皇たち

日本でもっとも有名な女性君主

日本史上、もっとも有名な女性君主、それはおそらく卑弥呼です。教科書からエンタテイメントまで、卑弥呼が登場する書籍や映像作品はきりがありません。その名を目や耳にしたことがない現代日本人はほとんどいないと思います。歴史にくわしくない人でも、卑弥呼について大昔の女王で巫女さんというくらいのイメージは持っているでしょう。

ところが卑弥呼の名が最初に出てくる文献は日本のものではありません。それは中国の正史『三国志』なのです（この場合の正史とは内容が事実として正しい歴史という意味ではなく、朝廷が公認した歴史という意味）。『三国志』といえば、現代日本では、まず吉川英治の小説や横山光輝の漫画のことになりますが、それらの作品は中国明代の小説『三国志演義』を下敷きにしています。そして、正史『三国志』はさらにその小説の主な題材となった歴史書だと考えればわかりやすいでしょう。

ちなみに中国史においては女性の皇帝は武周の則天大聖皇帝（武則天、則天武后。在位690～705）ただ一人しかいません。朝鮮半島の新羅にも女王がいましたが、その登場は7世紀になってからのことです。卑弥呼は東アジアにおける最初の女性君主なのです。

正史『三国志』は、中国が大きく魏・呉・蜀の三つの国に分かれていた頃を主に扱った歴史書ですが、卑弥呼は、そのうちの魏と国交を持った女王として登場してきます。

正史『三国志』魏志東夷伝倭人条（通称「魏志倭人伝」）によると、卑弥呼は倭《わ》（古代日本）の都である邪馬壹国《やまいちこく》にいました。ただし、現在の正史『三国志』には書写時の書き間違いや版本を作る際の誤刻などによる表記のぶれが生じており、この「邪馬壹国」も実際には「邪馬臺国《やまたいこく》（邪馬台国）」の間違いが定着したものと思われます。

倭はいくつもの小国のよりあいで、それを何十年にもわたって男性の王が治めていました。ところが小国同士のいさかいから倭の全体をまきこむ乱が起き、何年にもわたって争いが続きました。そこで倭の有力者たちは、誰もが納得できる統治者として一人の女性を共立し、彼女に倭の統治を託しました。こうして選ばれた女王が卑弥呼だったのです。

ただし、倭には邪馬台国を中心とする小国連合の他に狗奴国《こうぬこく》という男王が治める国もありました。卑弥呼は狗奴国に対する邪馬台国連合の軍事的優位を確保するため、中国の皇帝から正式に倭全体の王として承認してもらうことを考えたようです。

魏の年号で景初2年（238）、卑弥呼の使者は帯方郡《たいほうぐん》（現大韓民国ソウル市あたりにあった中国側の施設）の役人を仲介として魏の首都洛陽（現・中華人民共和国河南省洛陽市）にいたりました（景初3年という説もある）。

卑弥呼の使者は、魏の明帝（在位226～239）から卑弥呼を正式に「親魏倭王」に任命し、その証となる金印を与えるという詔書を受け取りました。これによって卑弥呼はいわば魏を中心とする国際社会から倭王としての承認を得たわけです（景初3年説をとるならこの詔書は明帝崩御後に次期皇帝の後見人が発行したことになる）。

魏の正始元年（２４０）、魏からの詔書と「親魏倭王」の金印が倭に届けられ、卑弥呼からの感謝の書簡が魏に上表されました。その後も魏と倭の間で使者の往来はありましたが、狗奴国との戦況は思わしくなく卑弥呼の生前には決着はつかなかったようです。

卑弥呼の死後、いったん邪馬台国連合でも男王が立ちましたが、かえって小国同士の新たないさかいを招き１０００人以上もの死者が出ました。そこで卑弥呼の宗女（親族の女性）である壹与《いちょ》（臺与《とよ》）という当時13歳の少女を新たな女王として立てて、ようやく邪馬台国連合での内乱を沈めることができました。「魏志倭人伝」は、卑弥呼の生前の正始8年（２４７）、魏から倭に派遣された張政という軍人がおり、臺与が女王になってからその使者のつきそいとして帰国したことを伝えています。つまり、卑弥呼の死から臺与が女王になるまでの経緯は、張政が倭の現地でつぶさに見ていたわけでこの時期に関する「魏志倭人伝」の記述の信憑性は高いといえるでしょう。

卑弥呼は皇室の祖先か？

卑弥呼は日本史でどのように位置づけられるべきか。それに関する考察は江戸時代から行われていましたが、その研究が本格化するのは明治43年（1910）になってからです。この年、東京帝国大学教授の白鳥庫吉《くらきち》（1865〜1942）が発表した「倭女王卑弥呼考」は、邪馬台国研究の画期をなしたといわれる論文でした。

白鳥はその論文において、邪馬台国九州説を説き、卑弥呼とは大和朝廷と無関係な北部九州の女酋長とみなしたのです。

それに対し、京都帝国大学教授の内藤虎次郎（湖南《こなん》、１８６６～１９３４）が論文「卑弥呼考」で邪馬台国大和説を展開し、卑弥呼は大和朝廷のれっきとした皇女だとしました。

内藤が卑弥呼の正体とみなしたのは垂仁《すいにん》天皇（在位・前29～後70）の皇女で伊勢神宮の内宮を創建したとされる倭姫命でした。１世紀の人である垂仁の皇女が3世紀の卑弥呼というのはつじつまが合わないと思われそうですが、当時の学界ではすでに『日本書紀』の史料批判が始まっており、垂仁の時期の紀年はあてにならないという見解が学者たちの間では共有されていたのです。

さらにこの白鳥・内藤論争に割って入る形で在野の哲学者・木村鷹太郎《たかたろう》（１８７０～１９３１）が同じ年のうちに読売新聞紙上で邪馬台国に関する論陣を張りました。

木村が説いたのは邪馬台国エジプト説です。木村は日本民族や漢民族が最初から現在の日本列島や中国大陸にいたわけではなく、ユーラシア大陸の西方から次第に移住してきた人々だったと考えました。そして、「魏志倭人伝」とは、日本民族や漢民族が地中海方面にいた時代の民族間交渉の記録が別の時代の歴史に誤って挿入されたものとみなしたのです。木村が卑弥呼の正体にあてたのは「ハタス姫」、すなわち紀元前15世紀頃、古代エジプト第18王朝のハトシェプスト女王でした。

ちなみに2007年、それまで身元不明の女性として現エジプト共和国ルクソールの「王家の谷」に葬られたままにされていたミイラがハトシェプスト女王の遺体と特定されたというニュースは世界の考古学界で話題になりました。

この明治43年の論争は、一般には、邪馬台国九州説と邪馬台国大和説という二大潮流の対立のはじまりというイメージで語られています。木村は、無視されるか、せいぜい荒唐無稽な説で学術的な議論を茶化そうとした余計者という扱いが関の山です。

しかし、卑弥呼と古代大和の王権、ひいては後世の皇室との関係という視点からすると、それとは違った構図が見えてきます。すなわち、白鳥は卑弥呼の倭国を皇室の祖先によって滅ぼされた側の勢力に位置づけ、内藤は卑弥呼を皇室の系図にとりこむという形で皇室の歴史としての日本史での位置を決定づけようとし、木村は卑弥呼を外国の女王とすることで日本史自体から切り離せる可能性を提示したわけです（実際には木村の議論はもう少し複雑ですがここでその説明は省きます）。

では、私自身は卑弥呼をどのような形で日本史に位置づけているのか、それについてはもう少し先になってから説明させていただきます。

「鬼道」と神道

卑弥呼の統治法について「魏志倭人伝」は「鬼道《きどう》に事《つか》え、よく衆を惑わす」と記していいます。中国では本来、「鬼《き》」というのは死人の幽霊を意味する言葉でした。正史『三国志』の時代には幽霊や神など得体の知れない超自然的存在を併せて「鬼神」と呼ぶようになったようです。

その正史『三国志』で卑弥呼の他に「鬼道」を使ったと記された人物に張陵がいます。張陵は漢代に五斗米道《ごとべいどう》という教えを開いた教祖ですが、その勢力は後漢代にはあなどりがたいものとなりました。『三国志』では宗教勢力が国家に拮抗しかねないことを警戒して、その教えの胡散臭さを印象付ける形で「鬼道」とも呼んだのです（ちなみに五斗米道の後継教団である正一教は教団道教の有力教派として今も続いていいます）。

正史『三国志』では、朝鮮半島北部にあった高句麗《こうくり》という国や朝鮮半島における小国の集まりだった韓《かん》という地域で「鬼神《きしん》」を祭っていたと記しています。おそらく「魏志倭人伝」の元になった報告書を書いた魏の役人は、自分たちに理解できない現地の神を「鬼神」と呼んだのでしょう。倭の「鬼道」も倭人の神に関する祭式のことだったと思われます。

卑弥呼が神を祭る様は、現地に滞在していた張政も含め、信仰を異にする魏の役人たちには怪しげな術で大勢の人をたぶらかしているように見えたのでしょう。「衆を惑わす」という言い回しには魏の役人の異文化に対する偏見がうかがえます。

また、卑弥呼の死後にまたも乱れた倭国が、臺与が女王となることでおさまったというのも、当時の倭において女性による祭祀が重視されていた現れとみなすことができます。

内藤湖南が、卑弥呼を伊勢内宮の創建者とされる倭姫命にあてたのは、この「鬼道」を祭祀とみなし、後世の神道と結びつけたからでしょう。

「神功皇后」は女性天皇だった?

さて、卑弥呼と邪馬台国に関する研究が明治末期になぜ盛んになったのでしょうか。それは、この時期の歴史学界において『日本書紀』に関する批判的研究が進んだからです。

実は、江戸時代までの学者の多くは（一部の例外があるにしろ）卑弥呼の正体について思い悩む必要はありませんでした。それは、日本最初の正史として朝廷で編纂《へんさん》した『日本書紀』に、魏と国交を持った女性君主は仲哀《ちゅうあい》天皇の后である神《じん》功《ぐう》皇后（オキナガタラシヒメ）だと註の形で明記されていたからです。

神功といえば、戦時中までの日本では、朝鮮半島への出兵を自ら率いたという、いわゆる「神功皇后の三韓征伐」で有名でした。それは古代日本の軍事的壮挙として語られ、しばしば絵画の題材ともなっています。しかし、その物語にはアジア諸国への侵略や植民地支配の正当化に用いられるという負の側面があったのも否定できないところです。

神功は夫の仲哀天皇や重臣の武内宿禰《たけしうちのすくね》とともに九州に遠征し、橿日宮《かしひのみや》（現福岡県福岡市東区香椎）で熊襲《くまそ》と呼ばれる勢力と戦っていました。

そこで神功は神がかりし、熊襲を討つよりも、まず海を渡ったところにある新羅を攻めるべきだと託宣しました。その直後に仲哀は崩御しました。なお、この時の状況について『古事記』では神を祭る祭式で神功が神がかりし、仲哀はその託宣を疑って従おうとしなかったために祭式の最中に急死したと伝え、『日本書紀』本文では神功がいきなり神がかりしたが仲哀は疑って従おうとはせず、しばらく経ってから急病で死亡し、残された神功が改めて祭式を行って神意を確かめたとなっています。

神功は神意に従って海を渡り、朝鮮半島に攻め入ったとされています。実際の記紀の記述は、魚の群れが神功の乗った船を運んで新羅に上陸、新羅王は恐れ入ってたちまち降伏したという童話的展開で、リアルな戦闘の描写とは思えません。『古事記』では降伏したとされるのは新羅だけですが、『日本書紀』では新羅だけでなく百済と高麗（高句麗）までが神功に降伏したとなっていて、これが「三韓征伐」という言葉の根拠となりました。

新羅を降伏させた神功は仲哀との間にできた皇子（後の応神《おうじん》天皇）を筑前国糟屋郡宇美（現福岡県宇美町）で産み、畿内に戻って我が子のライバルとなる皇子たちを打ち破って新たな統治者になったとされています。

さて、仲哀天皇の在位時期について『日本書紀』の紀年を西暦にあてはめると2世紀末の192年から200年にかけてとされています。それに続く神功の統治は201年から269年までの69年間とされていて「魏志倭人伝」で卑弥呼が魏と国交を結んだとされる時代がきれいに収まっています。さらに『日本書紀』では神功の治世39年（魏の景初3年、239）と40年（魏の正始元年、240）、43年（魏の正始4年、243）で「魏志に云はく」という註を入れ、「倭女王」「倭王」と魏の国交について記しています。

つまり、『日本書紀』では、「魏志倭人伝」に登場する卑弥呼は神功皇后のことだと主張している（少なくとも読者がそう解釈するように導こうとしている）わけです。

また、66年（西晋の泰始2年、266）には「晋起居注《しんききょちゅう》に云はく」として「倭女王」が西晋《せいしん》（魏の後継国家として三国時代を終わらせた王朝）に貢納を献じたという註があります（「起居注」とは中国の皇帝の執務などに関する記録）。

ちなみに中国正史『晋書』四夷伝倭人条には泰始元年（265）に倭から貢納が献じられたとあり、1年のずれはありますが『日本書紀』神功66年の註と同じ事実について記したものと思われます。これはおそらく卑弥呼の後に新たな女王となった臺与による使者派遣を意味しているのでしょう。

『日本書紀』は第9巻をまるまる神功皇后紀にあてています。『日本書紀』では、上代について、一つの巻に複数の天皇の事蹟がつめこまれている例があることを思えば、皇位につかなかったはずの神功は、書紀編者からは天皇と同様、あるいはそれ以上に重要視されたことになります。

『釈日本紀《しゃくにほんぎ》』（鎌倉時代に卜部兼方《うらべかねかた》が著した『日本書紀』注釈書）が『摂津国風土記』（奈良時代、現在の大阪府大阪市北部から兵庫県南東部にまたがる摂津国の地誌・伝説を朝廷の命でまとめた風土記、現在は散逸）から引用した住吉神社の由来説話、『万葉集註釈』（鎌倉時代の僧・仙覚が著した『万葉集』の注釈書）がやはり『摂津国風土記』から引用した美奴売《みぬの》（現兵庫県神戸市灘区岩屋中町方面の小地名）の地名由来説話では、神功は「息長帯比売天皇」と記されているのです。

また、平安時代に編纂された歴史書『扶桑略記《ふそうりゃくき》』でも他の歴代天皇と同じ扱いで第15代「神功天皇」の条が立てられています。

さらに中国正史の『宋史』外国伝日本国条に引用された「日本国王年代紀」という皇統譜やそれを下敷きに書かれた『新唐書』東夷伝倭国日本条では、神功は「神功天皇」「息長足姫天皇」として歴代天皇に数えられているのです。

現在の公式の皇統譜では、第15代は応神天皇とされていますが、一方で第15代神功天皇説も根強くあったことがうかがえます。

消された女帝？　飯豊皇女

記紀には神功の他にもう一人、統治を行ったとされながら歴代天皇に数えられていない女性がいます。それは飯豊皇女《いひどよのひめみこ》（飯豊青皇女《いひどよのあをみのひめみこ》、忍海飯豊青《おしみのいひどよのあお》尊ともいう）です。

飯豊は履中《りちゅう》天皇（在位４００〜４０５）の皇女（履中天皇の孫で市辺忍歯別王《いちのべのおしはわけ》の娘とする説もある）で、清寧《せいねい》天皇（在位４８０〜４８４）が1月に崩御した後の空位期間、忍海角刺宮《おしみのつのさしのみや》（現奈良県葛城市忍海の角刺神社の地か）で天皇に代わって政をとったと『日本書紀』に記されています。

また、次の天皇である顕宗《けんそう》（在位４８５〜４８７）が即位したのは、飯豊が「崩《かむあが》りましぬ」後だったとされています。つまり、飯豊の生前には顕宗の即位ははばかられたかのように書かれていること、天子の死を意味する「崩」の字を用いていることから書紀編者も飯豊を天皇に準じる者として扱ったことがうかがえるのです。

『扶桑略記』は「神功天皇」と同様、「飯豊天皇」についても第24代として独立の条を立て、「この天皇、諸皇の系図に載らず。ただし和銅5年上奏の日本紀にこれを載す」(飯豊天皇は公式の皇統譜には出てこないが和銅5年に朝廷に献じられた「日本紀」でのみ天皇として記載されている)と記しています。

この記述に基づき、歴史学者の友田吉之助《きちのすけ》(1912〜1995)は現行の『日本書紀』(720年完成)が成立する以前の和銅5年(712)に現行の『日本書紀』と異なる内容のもう一つの「日本紀」が編纂されていた、という説を唱えました。

しかし、東京大学と國學院大學で教授を務めた碩学《せきがく》・坂本太郎(1901〜1987)は、友田説を批判し、『扶桑略記』のいう「和銅5年上奏の日本紀」とは未知の文献ではなく、『古事記』のことだと考証しました。

たしかに『古事記』序文によればその完成は、まさに和銅5年のこととされており、『扶桑略記』の記した条件にあてはまっています。

そして、その『古事記』では清寧天皇崩御のくだりで次のように書かれているのです。

「天皇《すめらみこと》崩りましし後、天《あめ》の下治《したし》らしめすべき王《きみ》無かりき。これに日継《ひつぎし》知らす王を問ふに市辺忍歯別王の妹、忍海郎女《おしみのいらつめ》、またの名は飯豊王、葛城《かつらぎ》の忍海の高木《たかぎ》の角刺宮に坐しましき」（清寧が崩御した時、皇位を継ぐべき男子が大和にいなかったので皇位継承権がある者を探すことになり、飯豊王が角刺宮に入った）

飯豊が入ったという角刺宮は現奈良県葛城市忍海にある角刺神社の地と推測されています。この神社の祭神は「飯豊青命」とされています（すなわち飯豊を神と祭る神社）。

記紀は清寧の即位前、皇族間での殺し合いが繰り返されたことを伝えています。中には安康天皇（在位454〜456）のように暗殺されたと伝えられる天皇まで いたとされています。『古事記』が清寧崩御の時、皇位を継ぐべき皇子がいなかったとするのはその殺し合いの結果です。

そこで朝廷の臣たちは生き残った皇族を探し求め、ようやく播磨国（現兵庫県南西部）に潜伏していた兄弟を見出しました。この兄弟は後に顕宗《けんそう》天皇（在位485～487）・仁賢《にんけん》天皇（在位488～498）として即位しました。

この兄弟が見つかった時期について、『古事記』は清寧崩御後に飯豊が角刺宮にいた時期のこととし、『日本書紀』は清寧在世中のこととしています。

民俗学者の折口信夫《しのぶ》（1887～1953）は、飯豊が角刺宮にいたというのは巫女として「日継知らす王」の存在を告げた（後の顕宗・仁賢兄弟の所在を言い当てた）というだけで統治したわけではない、と解釈しました（「女帝考」1946年初出）。

しかし、それに先立ち、国学者・本居宣長《もとおりのりなが》（1730～1801）は『古事記伝』において、飯豊が「日継知らす王」たる女王であり、角刺宮における統治者だったと解釈しています。『扶桑略記』の著者も宣長と同様、『古事記』のこの記述を、飯豊が「日継知らす王」にして角刺宮の統治者だという意味に解釈したとすれば、『古事記』では飯豊が天皇として扱われているとみなしてもおかしくはないでしょう。

『日本書紀』が兄弟の発見を清寧在世中としたのは、清寧崩御とともにすでに宮中にいた顕宗がすぐに即位したとすることで飯豊が統治していた時期の存在を否定するためだったと考えられるのです。

ちなみに帝京大学名誉教授の義江明子氏は「日継知らす王」が飯豊ではなく顕宗・仁賢のことと解釈したとしても、次の皇位継承者を決定するのは統治者としての重要な行為であり、折口のように飯豊を巫女とみなすことでその統治権を否定するのは、権力を行使するのは男性でなければならないという近代日本国家の制度を古代に投影した偏見の結果だとしています（義江明子『つくられた卑弥呼』２００５、ちくま学芸文庫版・２０１８）。

「正史」編纂の理念と現実

『日本書紀』が、読者に対し、卑弥呼が神功皇后と同一人物だと解釈するよう紀年を操作しているにしても、「魏志倭人伝」は卑弥呼の女王即位は倭国内の勢力による共立によるもの、神功皇后は夫である天皇崩御による緊急措置からの軍事的成功と皇子（後の応神）への摂政によるものと、その権力獲得についての経緯はまったく異なっています。

さらにいえば、卑弥呼の死後、臺与によって行われたと思われる西晋への遣使まで「倭女王」という表現を用いることで神功皇后の事蹟に繰り込もうとしたこと自体、『日本書紀』編者たちも実際には卑弥呼を神功皇后とみなすのが無理なことに気付いていたからとみてよいでしょう。

『日本書紀』は最初の女性天皇である推古天皇（在位５９３～６２８）の即位まではは皇族の中の男性により、多くの場合は世襲で皇位を継承していたと伝えています。神功の摂政はあくまで例外的事態として歴代天皇に数えず、飯豊の治世は認めないという形でその建前を守っているわけです。

一方、「魏志倭人伝」は明確に倭国の女王の存在を記しています。そこには卑弥呼より前に倭国に君臨していた男王たちと卑弥呼、そしてその位を受け継いだ男王との関係は記されていません。また、壹与が卑弥呼の宗女であるとしているが、その具体的な親族関係もわからないのです（卑弥呼には夫はいなかったとあるので、おそらく娘ではないでしょう）。

つまり「魏志倭人伝」からは当時の倭では、王位について世襲による継承には特にこだわっていなかったように思われるのです。

この問題と関連して興味深い研究があります。九州大学大学院教授の田中良之氏は縄文時代から古墳時代までの墓を多数発掘し、それぞれの時代における家族・親族のあり方を研究しました。

家族を維持する制度には、その中心に父から子への継承をすえる父系制と、母から子への継承をすえる母系制の他に、その流れが交代しうる双系制があります。人体の歯の形には遺伝的特徴が残りやすく、人骨には性差による特徴が表れやすい。そこで墓の人骨を調べることでその集団が母系と父系のどちらで家族を維持し続けていたかが推測できるのです。

また、細胞内のミトコンドリア（細胞が生きていくためのエネルギーを作る器官）のＤＮＡは、細胞核のＤＮＡと違って母親のものだけが直系の子に男女問わず受け継がれる。そこで保存の良い人骨からミトコンドリアＤＮＡが採取できるなら、一方の性別だけにかたよったサンプルであってもそのサンプル同士が父系と母系のどちらで主につながっているか、がわかるというわけです。

田中氏の調査の結果、日本列島の家族のあり方が明らかになってきました。縄文時代の日本列島に形成されたのは双系制の部族社会でした。双系社会では父系にしろ、母系にしろ、元の集団の者と血がつながっているかぎり、外部から入ってきたものが成した子も迎え入れられやすいのです。そのため、渡来人がすみやかに迎え入れられることで縄文文化から弥生文化への移行もスムーズに進みました。

弥生中期中頃になると地域集団の代表的人物を特に葬るための墓が現れ、弥生中期後半には明瞭に他の墓と差別化された首長墓が現れます。

この時期の北部九州の首長墓には、その豪華な副葬品から「王墓」と称されるものがあります。「王墓」の被葬者の多くは男性ですが、ミトコンドリアDNAを調べると母系でのつながりも強固で、双系制の社会が維持されていたことがわかったのです。

古墳時代に入ってからも双系制は維持されていました。その時期には首長とそのとりまき、一般の人々といった社会の階層化が進んでいます。しかし、墓については男女を含め近い血縁をひとまとめとする埋葬が行われていました。そのため、大小の古墳で構成される古墳群は当初、親族集団の統合を示すものとして機能していたと思われます。

それが父系制社会に移行するのは支配者層で5世紀中頃、農民層では5世紀後半以降で、その時期にようやく家父長的家族が成立するというのです（田中良之『骨が語る古代の家族』2008）。

この父系制社会形成の時期は古墳から出土した金石文（金属製品などに刻まれた文字史料）などによって示された古代日本人の系譜意識とも一致します。つまり男系による世襲の王権は5世紀中頃にようやく成立したというわけです。

先に弥生時代・北部九州の「王墓」の多くは男性のものといいましたが、その中でももっとも豪華な副葬品を持つ平原《ひらばる》遺跡1号墳（現福岡県前原市、弥生時代後期）は、ガラス製の勾玉やメノウ製の管玉、オパール製の耳飾りなど多数の装飾品が出土しており、その被葬者は女性と推測されます。この墓からは40面の銅鏡が出土していますが、その中でも最大のものは直径46・5センチ（破砕された形で出土後、復元）もあったとされており、古代の銅鏡としては世界最大級のものです。

発掘調査を指揮した在野の考古学者・原田大六《だいろく》（1917〜1985）は、その鏡こそ日本神話でいう「八咫鏡《やたのかがみ》」であり、被葬者は神話において天照大神《あまてらすおおみかみ》として伝承された人物だったと推測しています（原田大六『銅鐸への挑戦』全5巻、1980）。

5世紀より前の日本列島には王とみなされる存在はいても、その王位の継承について世襲へのこだわりは薄く、それこそ卑弥呼のような「女王」も含め、女性の有力首長も存在しうる社会が形成されていたようです。

『日本書紀』は初代天皇・神武の即位を紀元前660年に設定し、近畿に安定した政権があって、男系によってのみその皇位が継承されてきたという系譜を主張しました。『古事記』も編纂された時期は『日本書紀』に先行したとされていますが、皇統譜については『日本書紀』と同じ発想で記されています。おそらくは記紀に先行し、その共通の資料となった皇統譜があったのでしょう。

男系による王権の系譜は編纂された8世紀という時代の東アジアでの常識の反

映だったわけですが、もともとは双系制社会だった日本列島での王権を父系制だったかのように語ること自体、きわめて無理がある試みでした。

そこで記紀は、神功や飯豊のようなイレギュラーな「伝説の女王」を設定することで、有力な女性首長がいたという伝承を吸収し、さらに女王の存在を明記する「魏志倭人伝」と皇統譜の矛盾を回避したわけです。

なお、日本最初の正史である『日本書紀』に、中国正史における倭の女王・卑弥呼をとりこむにあたって、神意を問う巫女というキャラクターを引き継いだことと、次期天皇（応神）の後見役という属性を新たに加えたことは注意すべきです。この二つの要素は、本書でこれから取り上げる実在の女性天皇の役割の反映ともみなせるからです。

なお、本章では『日本書紀』の記述に従って7世紀以前の日本列島の王権についても「天皇」という称号を用いていますが、本章に登場した君主に実在の人物がいたとしても、その実際の称号は「大王」だったと思われます。

第2章

推古天皇

推古天皇と蘇我氏

5世紀頃の日本列島で首長間の戦闘が繰り返されたらしいことは、記紀の断片的な伝承と中国正史（『宋書』『梁書』など）の倭国関係記事の双方から読み取ることができます。

前章で述べた通り、記紀はこの時期に皇族同士の殺し合いが繰り返され、男性の皇位継承者が畿内からいなくなっているほどの惨状を呈したと伝えています。

中国では魏の後継国家である西晋の天下統一により三国時代は終わりましたが、やがて西晋の皇族同士の争いによってふたたび乱世が訪れました。西晋では傭兵のような形で遊牧民族を中国に引き入れていましたが、その部族の一つである匈《きょう》奴《ど》が現中華人民共和国山西省で国を興し、漢という国号を称します（後世の歴史家からは前趙とも呼ばれる）。

匈奴の建てた漢は313年に西晋を滅ぼしますが、317年に江南方面の現地司令官が晋の再興を称して新たな国（東晋）を建て、それから長らく中国大陸の北部と南部とで次々と国が建てられては新たな国にとって代わられる南北朝時代に突入するのです。

南朝宋（劉宋、420～479）の正史である『宋書』の夷蛮伝・倭国条（「宋書倭国伝」）は、5世紀に宋に朝貢してきた倭王として讃《さん》・珍《ちん》・済《さい》・興《こう》・武《ぶ》（『梁書』諸夷伝・倭条の表記では賛・彌《み》・済・興・武）の5人の名を挙げています（いわゆる「倭の五王」）。

倭の五王の一人である倭王武は478年に宋に上表文を送っています。その内容は、歴代の倭王はいくつもの国を征服して中国皇帝の威信を強めるのに貢献してきたとして、自分の父や兄は急死（おそらく戦死）したが、その志を継ぐためにも中国がいっそう支援してほしいと要求するものでした。当時の倭国の凄惨な有様が伝わってくる文面です。

この時代には日本列島各地の古墳からの出土品にも刀剣などの武器や短甲（鎧

の一種）などの武具が多数出土しており、王を含む首長の活動で軍事の重要性が増していたことがうかがえます。このような時代には王として自ら戦場に出て指揮をとる男性が求められたのも仕方ないことだったでしょう。江田船山古墳（熊本県和水町《なごみ》）や稲荷山古墳（埼玉県行田市《ぎょうだ》）から出土した刀剣の銘文などから、この時期、日本列島の広域を統治する王の国内での称号は「大王」だったことが判明しています。

『日本書紀』本文は建前上、「天皇」という称号を初代・神武から用いていますが、「天皇」が文字史料に登場するのは推古朝になってからです（それについても後世の偽作という説はあります）。また、推古朝にはまだ「皇后」「皇太子」などの制度もなかったと推定されますが、本書では便宜上、『日本書紀』での呼称に従った人名表記を行っていきます。

さて、6世紀末になると国内での軍事的状況は安定期に向かい、王権の世襲化が進んで戦場で指導力をアピールする必要がなくなります。氏族社会の形成も進み、王には軍事的才能よりも、各氏族間の利害関係を、武力衝突を避けつつ調整する能力の方が求められるようになりました。『日本書紀』はこの時期、日本で最初の女性天皇が登場したと記しています。すなわち推古天皇（在位593〜628、和風諡号・豊御食炊屋姫天皇）です。

推古の時代、皇室とさかんに婚姻関係を結んでいた氏族に蘇我《そが》氏（蘇我臣）がありました。蘇我氏は先に神功の重臣として名を出した武内宿禰の後裔を称する氏族の一つです。

武内宿禰の後裔を称する有力氏族としては蘇我氏の他に葛城氏、巨勢《こせ》氏、平群《へぐり》氏、紀《き》氏などがあります。とはいえ伝承上の武内宿禰がいたとされる時代には、まだ氏族社会は形成されていなかったようなので、これらの氏族は後になってから武内宿禰を始祖に選んだとみなすべきでしょう。また、葛城氏と平群氏について記紀は5〜6世紀頃の皇室内の争いに介入する（もしくは巻き込まれる）ことで没落したと伝えています。

また、葛城氏や紀氏は『日本書紀』の朝鮮半島関係記事によく登場しており、半島での交易や軍事活動で活躍した氏族のようです。

蘇我氏についても『日本書紀』に雄略天皇9年（465）、新羅軍が百済の国境内に入って高句麗と日本の交易を妨げたため、蘇我韓子《からこ》という人物が百済救援のために派遣されたが日本人同士の仲違いで殺されたという記事があります。また、蘇我氏の系譜にその韓子の子として蘇我高麗《こま》という人物が登場するなど朝鮮半島とのつながりを暗示する名前の人物がいることなどから、蘇我氏自体が渡来系氏族だったという説を唱える論者もいました。

推古自身、父親は欽明《きんめい》天皇（在位539?〜571）ですが母親は蘇我稲目《いなめ》の娘の堅塩《かたし》媛でした。つまり推古は母方から蘇我の血を受け継いでいたわけです。ちなみに稲目は推古の世に大臣を務めた蘇我馬子《うまこ》（551?〜626）の父親でもあります。さらに稲目の娘・小姉《こあね》媛と欽明の間に生まれた間人《はしひと》皇后と推古の同母兄である用明《ようめい》天皇（在位585〜587）の間に生まれたのがいわゆる聖徳太子、厩戸皇子《うまやど》です。

つまり系譜上、馬子は推古の叔父であり、聖徳太子は推古の甥であるとともに従兄弟の子でもあったということになります。

権力掌握への道

額田部皇女《ぬかたべのひめみこ》（後の推古天皇）は571年、18歳で敏達《びたつ》天皇（在位572〜585）の妃となりました。『日本書紀』は彼女が敏達の皇后となったと伝えています。

『日本書紀』は、敏達の人となりについて「仏法《ほとけのみのり》を信《う》けたまわずして、文史《しるしぶみ》を愛《この》みたまふ」と伝えています。つまり仏教を信じることはなく、儒教で重んじられる歴史や文章を好んでいたということです。

敏達の御世に蘇我馬子を大臣《おおかみ》とし、物部守屋《もののべのもりや》を大連《おおむらじ》として2人で朝廷を支える体制が作られ、それは次の用明天皇の御世にも受け継がれたとあります。

敏達崩御の直後、殯宮《もがりのみや》（埋葬前の遺体を守るための場所）では次々と椿事がありました。まず、馬子が誄《しのびごと》（貴人への弔辞）を述べた時、守屋は「猟箭《ししや》おえる雀鳥《すずみ》のごとし」と嘲いました。小柄な馬子が大きな刀を腰に下げた様が、まるでイノシシなどの大きな獲物を射るための矢で射抜かれた小さいスズメのようだ、というのです。

次に守屋が誄を述べ始めると、緊張のあまり震える手元を見て、馬子は「鈴をかくべし』（鈴をかけたならよく鳴るだろう）とからかいました。政権を支える二大重臣同士とは思えない大人げないやりとりです。

この時、馬子・守屋に次ぐ重臣である三輪君逆《みわのきみさかふ》は「朝庭荒《みかどあら》さずして、浄《きよ》めつかまつること鏡《かがみ》の面《おもて》のごとくにして、臣、治《おさ》めむけ奉仕《つかまつ》らむ」（朝廷が乱されることがないように、自分が鏡の表面のように曇りのない清らかな心で国を治めます）との誄を述べました。

その直後、欽明の子である穴穂部皇子《あなほべのみこ》は、殯宮に炊屋姫皇后《かしきやひめ》（後の推古）が一人でいるにも関わらず、中に押し入ろうとしました。幸い、殯宮では三輪君逆が兵を集めて警護していたので穴穂部は宮に入るのを拒まれ、事なきをえました。

穴穂部は、自分は殯宮の中を見たい（敏達と最後の別れをしたい）だけだったのに、逆の方が非礼を働いた、それに逆は大勢の皇子たちや他の重臣の前で自分だけで朝廷を支えるようなことをいったのも非礼だ、と馬子と守屋に告げました。

守屋は三輪君討伐の兵を起こし、まもなく逆とその子供たちを殺したと報告してきました。馬子は「天下の乱は久しからむ」（そう遠くないうちに内乱が起きる）と言いました。

『日本書紀』では穴穂部が殯宮に入ろうとした目的は炊屋姫を犯すためであり、三輪君を非礼として討った目的は、皇位をうかがうために邪魔者を排除するためだったとしています。

つまり、穴穂部はその欲情と野心によって国を乱すきっかけを作った悪役扱いされているわけです。『日本書紀』が語る穴穂部の動機の真偽はどうあれ、彼の軽挙妄動が馬子と守屋の間に生じていた対立と結びついて内乱のきっかけとなったのは確かです。

用明は即位翌年の新嘗《にいなめ》（後世の大嘗祭にあたる）に際していきなり重病となり、その床で仏教に帰依したいとの志を明らかにします。もともと仏教受容に積極的だった馬子は「詔《みことのり》に従ひて助け奉《つかまつ》るべし」（天皇の言に従って、その志に協力しよう）と用明の志を入れようとしますが、仏教嫌いの守屋は「何ぞ国神《くにつかみ》を背《そむ》きて、他神《あだしかみ》を敬《うやま》びぬ」（なぜ、日本古来の神に背いて他国の神を敬うのか）と反対しました。

物部は本来、武器を意味するモノを扱う氏族だったらしく物部氏の氏神だった石上《いそのかみ》神宮（現奈良県天理市布留町）は朝廷の武器庫でもありました。『日本書紀』では天武天皇3年（674）、石上神宮に納められていた武器に油を塗って手入れし、宝物として献上されていたそれらの武器を本来持っていた氏族に返すようにという詔が出されています。逆に言えば、朝廷に従うさまざまな氏族は、宝物だった武器を朝廷に献上して石上神宮に納めることで服従を誓っていたわけです。物部氏はその儀礼をつかさどる氏族でした。

「モノ」はまた「もののけ」「ばけもの」など霊的な存在をも意味する語です。物部氏は霊的な存在に関わる呪術を管理する氏族ともなっていたようで『先代旧事本紀《せんだいくじほんき》』10巻本（聖徳太子撰述を主張するが実際には平安時代初期頃に、主に物部氏の伝承を編纂した偽書）には、物部氏が伝えてきたという鎮魂法に関する記録が残されています。

そうした儀礼や呪術に関わる氏族の代表だっただけに、守屋にとって自分たちの把握できない別の信仰体系が日本列島に広まる、ましてや王権と関わることは望ましくなかったのでしょう（平林章仁『物部氏と石上神宮の古代史』2019）。

こうして用明の言は、仏教をめぐるイデオロギー的対立を蘇我と物部の間の武力闘争へと転化する新たな契機となりました。

用明崩御の翌月である用明2年（587）5月、守屋は穴穂部を新たな天皇（治天下大王）に立てるべく皇子への使者を派遣しました。しかし、馬子はすでに炊屋姫の支持により挙兵への名目を整えていました。その年の6月、穴穂部は馬子が派遣した兵に殺されました。その直後には穴穂部と親しかったと思われる皇族の宅部皇子《やかべのみこ》も殺されています。

そして7月、馬子は厩戸皇子ら主だった男性皇族や、物部氏以外の畿内の有力氏族を集め、守屋討伐軍を組織します。守屋は孤立した形で討たれました。

物部氏は代々の軍事活動により関東から九州までの各地に拠点を置いて広大な所領を経営する大族となっていました。守屋の死によって、その所領は馬子と皇室によって収奪されることとなり、後の推古朝を支える財源となりました。

特に守屋の直轄領ともいうべき河内地域（現大阪府東部）が皇室によって管理されるようになったことは畿内の政治地図に大きな影響を与えました。後に河内を拠点として再開発された斑鳩《いかるが》（現奈良県斑鳩町方面）に、新たな政治勢力が出現するからです。

穴穂部と守屋が滅んだ後、炊屋姫は自分の弟の一人を皇位につけます。すなわち崇峻《すしゅん》天皇（在位587〜592）です。

崇峻の世は仏教の興隆の時代でした。崇峻元年に百済から仏舎利（崇拝対象となる釈尊の遺骨）と僧侶たち、寺院建築に必要な技術者たちがぞくぞくともたらされ、飛鳥（現奈良県明日香村）に馬子を開基とする法興寺（元興寺、飛鳥寺）の建設が始まりました。

しかし、崇峻と馬子の反りは悪かったようで、崇峻5年（592）、崇峻は馬子により弑《しい》されます。

『日本書紀』は、崇峻が宮中に献上された猪を指さして「この猪の首を切るように憎い人の首を斬ってしまいたい」ともらしたので、それが自分のことだと察した馬子が先回りして暗殺したと記していますが、この展開はいささか物語的な脚色がすぎるように思われます。

また、いかに大きな権力を持つ大臣とはいえ、自分の判断だけで天皇（おそらく実際の称号は大王）を弑して騒乱にならないわけもないので、そこには事実上、大王以上の実権を持つ人物の黙認あるいは指示があったとみなすべきでしょう。

この時点で、それにあてはまる人物は先々代の皇后にして崇峻の姉にあたる炊屋姫だけです。つまりは用明崩御の動乱から崇峻暗殺にいたる一連の流れは炊屋姫が推古天皇として権力を掌握するに至る経緯であり、彼女は馬子と協力して邪魔者を次々と排除していったとみなすことができるのです。

また、当時、若年ながらすでに有力な皇族となっていた厩戸皇子も崇峻暗殺についてなんら動いていません。これは厩戸皇子もこの暗殺を了承していたことを示すでしょう。

なお、推古が実質主導したと思われる事業に敏達と用明の埋葬があります。敏達が埋葬されたのは崩御後5年以上も経た崇峻4年（591）のことで、新たな陵墓は築かれることなく敏達の母である石姫《いわひめ》（非蘇我系の皇族）の墓に合葬されました。これほど長い殯がなされたのは他に例がありません。宮内庁では敏達と石姫の墓を現大阪府太子町の太子西山古墳（河内磯長中尾陵《こうちのしながのなかおのみささぎ》、前方後円墳）にあてています。

用明は崩御したその年にすでに埋葬されていたのですが、推古はその即位元年（593）に用明の墓を暴き、敏達と石姫の墓の近くに新たな陵墓を作って改葬しました。その新たな用明の墓について宮内庁は春日向山古墳（河内磯長原陵《こうちのしながのはらのみささぎ》、方墳）にあてました。推古自身の墓とされるのはやはり太子町にある山田高塚古墳（磯長山田陵《しながのやまだのみささぎ》、方墳）で、推古はすでに逝去していた我が子・竹田皇子の墓に入ることを望んで合葬されたと伝えられています。宮内庁による陵墓比定には根拠があやしいものもありますが、これら磯長古墳群における陵墓比定地の被葬者はまず間違いはなさそうです。

用明の新たな墓や推古の墓で採用された方墳は蘇我氏の墓にも用いられたもの

です。たとえば2014年の発掘調査で地下にエジプトのピラミッドを思わせる階段状の構造が見つかり、蘇我稲目の墓ではないかと話題になった都塚《みやこづか》古墳や、表土こそ失われているものの日本最大級の石室（棺を納める石の部屋）で蘇我馬子の墓といわれる石舞台古墳（どちらも奈良県明日香村）も方墳です。

敏達は前方後円墳に埋葬された最後の「天皇」（治天下大王）となりました。しかも母との合葬ということは彼自身の墳墓は新たに作られなかったということです（後述の半沢英一氏の指摘）。つまり、推古は用明改葬や竹田皇子（ひいては自分自身）の墳墓の築造を通して治天下大王の墓として伝統的に作られてきた前方後円墳をとりやめ、蘇我氏の墓制を採用することを天下に示したということになります。

墓を死後の家とみなすなら敏達は独り立ちした家を持つことを認められず、母の家に帰らされたことになります。その母は非蘇我氏系の皇族だったわけですから、敏達の合葬は非蘇我氏系の王権をここで終わらせるという意味も込められていたのでしょう。

遣隋使を派遣したのは誰か？

推古朝は5世紀で断絶していた対中国外交が再開した時期でもあります。『隋書』東夷伝倭国条（「隋書倭国伝」）によれば、倭国から隋への最初の遣使がなされたのは600年（推古8年、隋の開皇20年）のことでした。ただし、この最初の遣隋使のことは『日本書紀』には記されていません。

この時、倭国の使者は、日本の政治について「倭王は天を以て兄となし、日を以て弟となす」などと説明したため、隋の高祖文帝（在位581〜604）は、道理がない、とその制度をあらためるように命じました。おそらく使者が告げたのは記紀神話の原型のような話で、文帝にとってその異国の神話はまったくの意味不明だったものでしょう。

さて、「隋書倭国伝」では倭王は一貫して姓は阿毎、名は多利思比孤《たりしひこ》という男性だったと記されています。倭王には妻がいて後宮（ハーレム）もあったというのですから、男性であることは間違いありません。一方、推古が女性であることは今まで述べた通りです。この矛盾をどう解釈すべきかについては後に譲りましょう。

2度目（『日本書紀』では最初）の遣隋使が隋の首都、長安にいたったのは607年（推古15年、隋の大業3年）のことです。

この時の使者の口上は「聞く、海西の菩薩天子、重ねて仏法を興すと。ゆえに遣わして朝拝せしめ、兼ねて沙門数十人、来りて仏法を学ぶ」というものでした。つまり、隋朝では、自ら悟りを求め仏法に帰依した天子が現れて、いったん廃れた仏教を再興したと聞いた、ついては日本の僧侶数十人を留学させて改めて教理を勉強させたい、というわけです。

また、使者がもたらした国書で倭王は次のように挨拶していました。

「日出処《ひいずるところ》の天子、書を日没処《ひしずむところ》の天子に致す、つつがなきや」

さて、「天子」というのは中国においては超越的・抽象的な概念である「天」から天下を統治するという天命を与えられた世界にただ一人の存在とされていました。皇帝というのは本来、秦始皇帝以降の「天子」の称号でした（現代では「皇帝」がラテン語imperatorの訳語として用いられているため、その概念は混乱しています）。

しかし、仏教では「天子」はインド古来の神々を意味する「天」の子という意味でも用いられます。この場合は「天」と呼ばれる神々は複数いるわけですから天子が何人いてもおかしくありません。この国書における二人の天子の構文を台頭外交の主張などと持ち上げる人もいますが、倭王はおそらく仏教用語の天子と皇帝を意味する「天子」を混同させることで、隋の皇帝が天子であるなら自分もまた天子である、というレトリックを用いたのでしょう。もっとも、自らを唯一の天子と任ずる中国の皇帝（この時は隋の煬帝《ようだい》。在位６０４〜６１８）がそのレトリックを受け入れるはずもなく「隋書倭国伝」は煬帝がこの国書を読んで気分を害したと伝えています。

とはいえ、煬帝は倭国に対して関心を抱いたらしく、翌年（推古16年、隋の大業4年）に裴世清《はいせいせい》という外交官を倭国に派遣して国情視察をさせました。

「隋書倭国伝」によると、裴世清が倭国の海岸（おそらくは難波）にいたった時、数百人の儀仗兵が鼓や角笛を鳴らして出迎えたとあります。さらにその10日後、倭王・多利思比孤は200騎余りの騎兵を迎えに出して裴世清を都に案内し、会見しました。用件を終えて帰ろうとする裴世清のために倭王は改めて宴の場を設けたとされています。

一方、『日本書紀』によると裴世清は6月15日に難波に到着し、江口（現大阪府大阪市東淀川区）に建てられた歓迎用の館に案内されたとあります。彼が京《みやこ》に入ったのは8月3日のことで、朝廷では飾馬75騎を出して海石榴市《つばきち》（現奈良県桜井市金屋）で迎えたとされています。

裴世清が「隋書倭国伝」のいう都に入ったのは上陸の10日後、『日本書紀』のいう京に入ったのは上陸から1カ月半も先です。裴世清を騎兵で出迎えた場所もその数も「隋書倭国伝」と『日本書紀』では食い違っています。

つまり、「隋書倭国伝」の倭国の都と『日本書紀』のいう京が同一の場所だと考える限り、この両者はまったくかみ合わない記事ということになるのです。

また、これは『日本書紀』の不審点として裴世清を「京」に入れる際、なぜ海石榴市で迎えたか、ということがあります。

海石榴市があった現奈良県桜井市金屋は飛鳥から見て東北で、西の難波から来る客を迎えるには方向違いです。難波と飛鳥を直接結ぶ竹内街道（推古21年設置）がまだなくて水路を用いていたにしても、大回りの道になってしまうのは確かでしょう。

私は「隋書倭国伝」の「都」と『日本書紀』の「京」は別の場所にあったと考えています。つまり、当時の倭国に二つの「首都」があったのです。

裴世清は「都」で倭王と会見して用件をすませた後、宴の場である「京」に案内されました。「都」に入るのと「京」に入るのが別々の事件なら歓迎の騎兵の数が違うのもおかしくありません。そして、「京」が飛鳥である以上、「都」は飛鳥と別の場所であり、そこに座す倭王も推古ではなかったということになります。裴世清（そして隋朝）が倭王と認識していた人物が推古と別人なら、男性であることは不思議ではありません。

そして、飛鳥以外で当時の倭国の「都」たりうる場所と言えば斑鳩以外に考えられません。

斑鳩地域に奈良時代の条里制と合致しない独特の地割が行われていることは奈良県郷土史の大家・田村吉永（1893〜1977）によって1960年代から指摘されていました。2001年、国際日本文化研究センター教授（当時）の千田稔氏はその独特の地割が方格地割による都市計画の痕跡であることを考証しました（千田稔「わが国における方格地割都市の成立」『考古学の学際的研究』所収)。

斑鳩においては多くの寺院や遺跡がこの方格地割と同じ傾きを共有しています。つまり、斑鳩ではその傾きを最初から組み込んだ都市計画がなされていたのです(清水昭博「斑鳩からみた飛鳥」『都城―古代日本のシンボリズム』2007、所収)。

そして、その都市計画のプランナーは厩戸皇子以外に考えられません。推古や馬子らの改革であれば、彼らの本拠地である飛鳥にまず方格地割による都市計画がなされるはずですが、それは認められないのです。

帝塚山大学教授だった岩本次郎氏は斑鳩の方格地割に関する調査を行ってきた人物ですが、定年退職での最終講義でその長年の成果を披露するとともに、聖徳太子が風水説に基づき、都にふさわしい地として斑鳩を選んだ可能性に言及しています(岩本次郎「『いかるが』と古代史――「いかるが」に関する基礎的省察――」『奈良学研究』9号、2007年1月)。

裴世清が斑鳩から飛鳥に向かったとすればその通り道にある海石榴市で歓迎を受けたのはおかしくありません。

当然、斑鳩を首都としていた倭王は厩戸皇子に他ならないでしょう。

「多利思比孤」の名については、固有名詞ではなく倭王に対する敬称が、倭国の使者の口より隋に伝わったものという説がすでに碩学・坂本太郎により説かれています（坂本太郎『日本古代史叢考』１９８３）。

厩戸皇子は対中国外交のために斑鳩の地で方格地割の都市計画を進めたと考えられます。彼には、長安という条坊制の都市を見慣れている隋の官吏を相手に、明確な都市計画がない飛鳥を倭国の都として示すわけにいかないという思いがあったのでしょう。

『日本書紀』は裴世清が斑鳩に行ったことを省略し、飛鳥の朝廷が対中国外交の主役だったという歴史を作り上げたのです。

厩戸皇子が推古朝における対中国外交の中心人物だったことは日本にも記録が

あったようで、中国正史『宋史』に引用されている「日本国王年代紀」に次のようにあります。

「用明天皇、子有り、聖徳太子と曰う。…隋の開皇中に当る。使を遣わして海に浮び、中国に至りて法華経《ほけきょう》を求む」（用明天皇には聖徳太子＝厩戸皇子という子がいた。…隋の開皇年間に厩戸皇子の派遣した使者が海をわたって中国に至り、仏典『法華経』を求めた）

『新唐書』では倭王・多利思比孤を用明にあてていますが、これは厩戸皇子が太子として隋と国交を求めた以上、当時の倭王は厩戸皇子の父である用明に違いないという推論の結果でしょう。用明と厩戸皇子、推古に関する正確な年代が中国に伝わっていないなら、このような誤解が生じても仕方ありません。

さて、倭王・多利思比孤を厩戸皇子にあてる説はすでに多くの研究者が論じています。しかし、その解釈は、倭王＝「天皇」は推古だったが隋が厩戸皇子を倭王だと誤認した、厩戸皇子は「天皇」として即位していたが『日本書紀』では何らかの事情でその事実を隠したなどまちまちです。

専攻は数学ながら歴史にも造詣が深い理学博士・半沢英一氏は、厩戸皇子は仏教を奉じる倭王だったという説を提示しています（半沢英一『天皇制以前の聖徳太子』、２０１１）。

半沢氏の想定では厩戸皇子は５９１年に17歳で倭王に即位しており、推古は厩戸皇子の死（６２２）によって初めて王位についた。厩戸皇子の即位後、崇峻は従来の「大王」の職務の内、神祇祭祀のみを受け継いでいたが、彼自身は自分が実権を失っていることを理解できないままに厩戸皇子の政権に逆らうような言動を重ねたために殺されたというものです。

私も『日本書紀』の記す推古朝において厩戸皇子が斑鳩で倭王となっていたという説に賛同します。ただし、私は推古もまた飛鳥における大王であり、当時の倭国は二重王権だったと考える者です。

人類には早すぎる教理

ブッダの教えは悟りを通してすべての人を苦しみから救うためのものではありますが、その悟りはあくまで教えを受けた一人ひとりのためのものです。仏教には、死地にある者を助けたり、貧しい者、飢えた者に施しを行ったりするなどして他の人や生き物を救うという利他行という考え方もあります。しかし、それはあくまで相手が教えを受け入れるための条件を整えることであって、悟りを得るのは利他行の主も含めた一人ひとりです。その意味では仏教は徹底した個人主義の教えです。

また、仏教は本来、サンガ（出家修行者の共同体、僧団）の中では生まれた時の出自・身分に関わらず同じように扱われるという平等主義の教えです。人には生まれながらに貴賤の別があるという文化・社会の中では、仏教の平等主義は常識と対立することになります。

インドは古代以来、いまなお細分化された身分制度（いわゆるカースト）が人々を縛り続けている国です。だからこそブッダが平等主義を説く必要もあったのでしょう。しかし、仏教は結局、身分制社会の強固な「常識」を突き崩せないまま、いったんはインドの国土から立ち消えてしまいました（現代ではインドでの仏教再興運動はさかんに進められています）。

また、仏教では本来、不殺生戒（人や生き物を殺すことへの戒め）は出家者だけでなく在家信者にとっても守るべきもっとも重要な戒律とされていました。

しかし、世間には軍人や死刑執行人など、なんらかの形で人を殺す可能性がある、あるいは人を殺さなければならない職業についている人もいます。また、猟師や食肉解体業など生き物の死に関わることで生計を立てている人もいます。教条主義的な仏教ではそうした人々を救われない存在として扱うしかありませんでした。つまり平等主義のはずの仏教が新たな差別を生み出しかねない問題もありました。

仏教はそれらの問題についていまだ十分な回答を出しているとはいえません(もしくは人類は仏教の示した理念を完璧に実現するための方法をまだ見出してはいません)。

厩戸皇子は7世紀倭国の身分制社会における権力者でした。彼は、仏教という人類には早すぎる教理をいかに現実の中に定着させていくかを追求していたのです。

そして、それが可能になったのは、厩戸皇子を後見するもう一人の王として推古が蘇我氏をはじめとする有力氏族をとりまとめ、伝統的な大王の務めであった神祇祭祀を続けていたからだと思われます。

この二重王権は、ただ一人の天皇をいただく『日本書紀』編纂時の制度とは相いれないだけでなく、編者たちにとって理解の範疇をこえるものでもあったのでしょう。

そこで推古を「天皇」とするだけでなく、推古朝当時にはまだなかった「皇太子」という制度をあてはめることで厩戸皇子の立場を説明するしかなかったのです。

葛城県の意味

従来、『日本書紀』における厩戸皇子の扱いと言えば、文飾で実像よりも膨らませたという理解が一般的でした。しかし、『日本書紀』の編纂時には厩戸皇子一族はすでに滅んでおり、当時の朝廷は斑鳩ではなく飛鳥の流れをくむものでした。斑鳩の威勢が飛鳥を凌いでいたことを隠すべき必然性はすでに生じていたのです。聖者「聖徳太子」としての文飾は、彼の統治者としての実像を覆い隠すためのものだったとの解釈もできるのでしょう。

ちなみにいわゆる「聖徳太子非実在説」に関する私見については拙著『捏造の日本史』（２０２０年）を参照していただければ幸いです。

『日本書紀』は推古20年（６１２）春正月に馬子と推古が互いに歌を詠んで讃

え合ったことを記しています。

馬子の歌
やすみしし　我《わ》が大君《おおきみ》の　かくります　天《あめ》の八十蔭《やそかげ》　出《い》で立《た》たす　御空《みそら》を見れば
万代《よろずよ》に　かくしもがも　千代《ちよ》にも　かくしもがも　畏《かしこ》みて　仕《つか》へ奉《まつ》らむ
拝《をろが》みて　仕へまつらむ　歌献《うたづ》きまつる

推古の歌
真蘇我《まそが》よ　蘇我の子らは　馬ならば日向《ひむか》の駒《こま》　太刀《たち》ならば　呉《くれ》の真刀《まさひ》　うべしかも
蘇我の子らを　大君の　使《つか》はすらしき

馬子の歌は、大王の宮殿を天上にたとえ、大王は天にいつまでもとどまっているかのように威厳があり、仕えるには崇拝するしかない、と讃えるものです。

推古の歌は、蘇我氏（およびその代表である馬子）を名馬の産地とされていた日向（現宮崎県）の馬や、伝説的な名剣があったとされる中国南部（呉）の刀剣にたとえて、その優れた人材である蘇我氏が、大王である自分に仕えていると蘇我氏を讃えるとともにその主である大王、すなわち推古自身を自画自賛するものです。

この歌には仏教の影響を見ることはできず、また、この宴に厩戸皇子の姿はありません。飛鳥には厩戸皇子の仏教国家の構想とは別の原理（おそらくは神祇祭祀）を中心とした空間が形成されていたのでしょう。

さて、厩戸皇子の死後、仏教国家建国の方針は蘇我氏によって受け継がれます。しかし、蘇我馬子やその子の蝦夷にとって仏教の仏は、単に戦勝祈願や病気平癒祈願に霊験あらたかな異国の神様といった程度の認識だったようで、厩戸皇子のように教義が示す理想を政治に生かすという発想は希薄だったようです。

蘇我氏が実際に重視していた信仰はどのようなものだったかをうかがわせる記

述は『日本書紀』推古32年（624）冬10月のこととされる次のくだりです。

馬子は阿曇連と阿倍臣摩侶という2人の臣を推古に遣わして次のように奏上しました。

「葛城県《かつらぎのあがた》は、元臣《もとやつがれ》が本居《うぶすな》なり。これ、その県《あがた》によりて姓名《かばね》をなせり。これを以て、ねがはくは、常にその県を得《たまは》りて、臣が封県《よせるあがた》とせむと願ふ」

（葛城は蘇我氏の先祖が本拠としていた地で、蘇我氏の本姓は葛城だった。葛城の地を朝廷から賜って蘇我氏の領地としたい）

それに対して推古は次のように答えました。

「今われは蘇我より出でたり。大臣はまたわが舅《をぢ》たり。かれ、大臣《おおおみ》の言《こと》をば、夜に言《もう》さば夜も明さず、日に言さば日も晩《くら》さず、いづれの辞《こと》をか用いざらむ。しかるに今わが世にして、ひたふるにこの県を失ひてば、後の君《きみ》ののたまはく、愚《おろか》に痴《かたくな》しき婦人《ぬのこ》、天下に臨みてひたふるにその県を亡せりと。あに独りわれ不賢《をさなき》のみならむや。大臣も不忠《つたな》くなりなむ。これ後の葉《よ》の悪しき名ならむ」

（私は蘇我氏と血縁で馬子大臣はおじにあたる。だからこそ大臣の言うことはその日のうちに必ず実現してきた。しかし、朝廷の領地である葛城を失えば、後世の人は、愚かな女性が領地をなくしたとそしるだろう。そうなれば私だけでなく大臣にも不名誉だ）

ここでいう「県」は古代の行政制度での土地区分、「葛城」は奈良平野南西部で現在の御所市・大和高田市方面です。この地域には南郷《なんごう》遺跡群や秋津《あきつ》遺跡など大型建物跡をともなう広域遺跡や馬見《うまみ》古墳群、巨勢山《こせやま》古墳群などの古墳群があり、5世紀前後に大きな勢力があったことは間違いない地域です（この地域に弥生時代の長期にわたって拠点集落だった鴨都波《かもつば》遺跡もあることからすると、その勢力の起源はさらに遡る可能性もある）。

葛城地方で5世紀頃に有力勢力があったことは『日本書紀』でも葛城氏の活躍として記されています。前にも述べた通り、蘇我氏と葛城氏は武内宿禰を共通の祖先とする同族を称していました。

蘇我馬子は、すでに衰亡した葛城氏にとってかわり、蘇我氏こそ葛城氏の本家で武内宿禰後裔氏族の長であると主張しようとしていたようです。

しかし、葛城はこの時期の大王にとっても重要な土地だったらしく、結局、推古は、馬子への葛城割譲を認めませんでした。

ここで重要なのは蘇我氏の先祖の土地（とみなした場所）に対する馬子の渇望です。馬子が葛城の土地を得たがったのは祖先祭祀のためでしょう。中国では、殷代（紀元前17～前11世紀頃）から父から子に家系と財産を相続していく父系制社会が形成されていました。そこでは子孫が先祖を祭ることはその子孫の結束を固め、さらなる繁栄をもたらすためにも重要だと考えられていました。

蘇我氏の信仰の中心は、この中国式の祖先祭祀だったと思われます。そして、神祇祭祀と仏教と祖先祭祀の三つ巴の状況は推古朝の後も続き、次なる女性天皇（大王）の御世において新たな展開を迎えるのです。

第3章

皇極・斉明天皇

雨を呼ぶ巫女王

宝皇女《たからのひめみこ》（天豊財重日足姫天皇《あめとよたからいかしひたらしひめのすめらみこと》）は敏達天皇の孫で舒明《じょめい》天皇（在位629〜641）の皇后でした（宝皇女の父は舒明の異母兄なので、舒明とは叔父と姪の関係でもある）。彼女は重祚《ちょうえ》（同じ人物が複数回即位すること）しているため、皇極《こうぎょく》天皇（在位642〜645）と斉明《さいめい》天皇（在位655〜661）という二つの漢風諡号をもっています。

皇極が即位したその年には旱魃が起きました。皇極元年秋7月戊寅（25日）、朝廷の臣たちは次のように報告しました。

「村々の祝部《はふりべ》（神官）の所教《をしへ》のままに、あるいは牛馬を殺して諸《もろもろ》の社《やしろ》の神を祭る。あるいはしきりに市を移す。あるいは河伯《かはく》を祈る。すでにしるしなし」

牛や馬を生贄にして神を祭る、市場の場所を移動させる、河伯（本来は黄河の神、この場合は水の神）に祈りを捧げるなどはいずれも中国の道教における雨乞いの儀式です。当時の日本に道教系の儀礼が広まっていたことがうかがえる一文です。

しかし、道教による雨乞いは一切効果がありませんでした。それを聞いて、蘇我大臣（蘇我蝦夷《えみし》、馬子の子）は、仏教寺院に経典を読ませることで雨を祈ろうと提案しました。

これは当時の蘇我氏が熱心な仏教徒であったことと、その仏教理解が、雨乞いに通じるような呪術的なものだったことを示しています。

蝦夷の命により、百済大寺（現奈良市・大安寺の前身）の庭に仏や菩薩、四天王の像が並べられて荘厳され、集められた僧が一斉に『大雲経《だいうんきょう》』（竜神を招いて雨を降らせる功徳があるとされた経典）を読む中、蘇我蝦夷自身も香炉を手にして香を焚きつつ雨を祈ったとされています。この祈りが通じたのか、翌日には小雨が降りましたがそれ以上の効はなく僧たちも雨乞いの経を読むのを止めました。

8月甲申（1日）、皇極は南淵《みなぶち》（現奈良県明日香村稲淵）の川上でひざまずいて東西南北の四方を拝み、さらに天を仰いで雨を乞いました。するとたちまち雷が鳴って大雨が降り始め、5日にわたって大地をうるおしました。天下の人々はみな喜び、皇極のことを「至徳《いきほひまします》天皇」と讃えたとされています。

　これは民間の道教に対する蘇我氏の仏教、蘇我氏の仏教に対する天皇の祭祀の優位を伝える説話とみなしてよいでしょう。さらにこの説話は皇極がすぐれた巫女とみなされており、その即位も巫女としての権能に期待されてのものだったことを示しています（原田実「蘇我大臣家の宗教的立場について」『季刊／古代史の海』30号、２００2年12月）。

　ところがこの説話から以降の『日本書紀』の記述は、皇極朝について大臣・蘇我蝦夷とその子・蘇我入鹿《いるか》による専横の時代、皇極退位後に即位した軽皇子《かるのみこ》（孝徳天皇、皇極の弟）の御世と斉明朝とについては皇太子・葛城王（中大兄皇子《なかのおおえのみこ》、後の天智天皇）が実権を握っていた時代として描いています。

　この描き方は、女性天皇は男性の為政者の傀儡《かいらい》にすぎないという後世のイメージからも受け入れやすいものであり、古代史ファンの多くにとっても、7世紀半ばの日本史を考えるうえでの常識の基礎となっているのです。

しかし、中大兄皇子が天智として即位したとされるのは蘇我蝦夷・入鹿父子が滅びてから23年もたった668年のこと、斉明が崩御した時から数えても7年も後のことです。蘇我蝦夷・入鹿の滅亡によって中大兄皇子にすぐに実権が移ったのなら彼はなぜそこまで長い間、即位を待たなければならなかったのでしょうか。

さて、皇極天皇4年（645）、中大兄皇子と腹心の中臣鎌足《なかとみのかまたり》（藤原鎌足）は宮中で蘇我入鹿を殺害、さらに蘇我蝦夷を自決に追い込みました。

この事件を学校の歴史の時間に「大化の改新」としてならった方も多いでしょう。年号記憶のための語呂合わせに「大化の改新ムシ5匹」という言い回しもありました（戦前の学生は「ムシのゴとくに入鹿を殺す」と覚えたそうです）。

しかし、現在の歴史教科書では入鹿・蝦夷殺害は「乙巳《おつみ》の変」として記され、「大化の改新」は翌646年に起きた別の事件とされています。たしかに「大化の改新」というのは蘇我蝦夷・入鹿父子の滅亡とともに退位した皇極に代わって即位した孝徳天皇の御世に行われた行政制度改革のことであり、さらに『日本書紀』によれば、孝徳がその制度改革の具体案を示した「改新の詔」を発したのは即位翌年のことですから、現在の歴史教科書の方が史料に即したものであることは明らかです(「大化」とは孝徳が即位した際に立てたとされる年号で『日本書紀』によれば日本最初の年号でもあります)。

それではなぜかつてはその二つの事件が混同されていたのか。それは『日本書紀』が蘇我入鹿暗殺後の中大兄皇子の権力掌握が円滑に進んだように書かれていたからでしょう。『日本書紀』によれば、孝徳は中大兄皇子が中臣鎌足と相談して自分の傀儡とするために擁立したものであり、中大兄皇子自身は「皇太子」となったとされています(そこには先に同じ『日本書紀』において「皇太子」として治世を行ったとされた厩戸皇子も投影されています)。

つまりは『日本書紀』は読者に対し、「大化の改新」を実際に行ったのは中大兄皇子であり、蘇我入鹿暗殺などはその前提としての抵抗勢力の排除であったかのように印象づけるように書かれていたわけです。

蘇我氏の専横とは何だったのか

皇極即位元年、かつて推古が都にしたのと同じ明日香・小墾田宮《おはりだのみや》（小治田宮、現奈良県明日香村豊浦もしくは明日香村雷か）への遷都が行われました（後に飛鳥板蓋宮《あすかのいたぶきのみや》・現明日香村岡の史跡明日香宮跡方面に遷る）。その同じ年、蘇我蝦夷は蘇我馬子以来の念願だった葛城の地を手に入れ、そこに蘇我氏の祖廟（先祖を祭る社）として葛城高宮《たかみや》を建てました。その落成に際しては中華の礼法で天子（帝王・皇帝）にのみ催すことが許された八佾《やつら》の舞（舞人64人による方形の群舞）が行われました。

これはいわば葛城高宮が蘇我氏の祖廟であるだけではなく国家の宗廟（天子の

祖先を祭る社）でもあるとの宣言です。蝦夷はさらに自分の墓として築かせた塚を大陵、入鹿の墓として築かせた塚を小陵と呼ばせました（「陵」とは天皇・皇族の墓所）。

皇極2年に有力な皇族だった上宮王家（厩戸皇子の子孫）を滅ぼしてからは、蝦夷や入鹿は自分たちの邸宅を「宮門」と呼ばせたり、蘇我氏の子女を「王子」と呼ばせたりするようになり、あたかも蘇我氏が大王と同格であると主張するようなふるまいをエスカレートしていったとされています。

この記事については研究者によってさまざまな解釈がなされています。たとえば、この時期、蘇我蝦夷や入鹿が実際に大王の位についていたのを『日本書紀』があたかも蘇我氏の専横であるかのように描いた、あるいはそれらの記事は事実無根で蘇我蝦夷・入鹿滅亡の必然性を語るために彼らが王であるかのようにふるまったと『日本書紀』が文飾した、などというものです。

また、上宮王家の滅亡について『日本書紀』は入鹿が独断で兵を動かして斑鳩を攻めたため、蘇我蝦夷でさえも入鹿の愚かさを嘆いたとされていますが、他の資料、たとえば『藤氏家伝』や『上宮聖徳太子伝補闕記』などでは軽皇子ら皇族たちの支持を得て行ったこととされています。厩戸皇子の血を引く名門を誇る上宮王家は、それこそ皇極を含む他の皇族にとっても邪魔な存在となっていました。

私はすでにこの時期、蝦夷や入鹿が大王ということはないにしても、婚姻を通じて蘇我系と言ってよい大王が何人も出ている以上、蘇我氏の側に自分たちがいわば大王と同族であるという意識が芽生えていたと考えています。そう考えると八佾の舞や「陵」「宮門」「王子」などの呼称の採用もありえないことではなかったでしょう。

しかし、皇極らにとって上宮王家の次に邪魔になるのは大臣にとどめるには有力になり過ぎた蘇我氏の本家です。義江明子氏は乙巳の変は皇極と軽皇子の計画によるものだったと推測していますが、私もその想定は妥当だと思います（義江明子『女帝の古代王権史』２０２１年）。

皇極に誤算があったとすれば、それは入鹿暗殺の実行犯にして主犯が中大兄皇子になってしまったということでしょう。

乙巳の変の影の主役

『日本書紀』によると乙巳の変は次のように進められました。すなわち、中大兄皇子が蝦夷の甥である蘇我倉山《くらやま》田《だ》石川《いしかわ》麻呂《まろ》を味方につけて三韓（高麗・百済・新羅）から皇極への上表を読む儀礼にかこつけて入鹿を宮中に招く算段を行い、宮殿内で槍を持った中大兄皇子と剣を持った佐伯連《さえきのむらじ》子麻呂《こまろ》と葛城《かつらぎ》稚犬養連《わかいぬかいのむらじ》網田《あみた》が潜んだうえで、皇極の目の前で中大兄皇子の号令により子麻呂と網田が入鹿を切り殺したというのです。この間、中大兄皇子の盟友である中臣鎌足は弓矢を構えて中大兄らの背後にいました。

一時は反撃しようとした蘇我蝦夷側の軍勢は中大兄皇子の呼びかけに応じて解散し、蘇我蝦夷は入鹿の死体を見て誅殺に伏したとされています。また、蘇我氏に近い立場の有力皇族・古人大兄皇子《ふるひとのおおえ》は異変を聞いて館に籠り、門を閉ざしました（後に謀反の疑いをかけられて攻め殺される）。

『日本書紀』は、中大兄皇子と中臣鎌足はあらかじめ皇極退位後に軽皇子を即位させるよう計画しており、皇極から軽皇子への譲位はとどこおりなく進んだうえ、中大兄皇子は皇太子に就任して政務につき、皇極は皇祖母尊《すめみおやのみこと》という称号を与えられたとしています。

孝徳は即位したその年に難波長柄豊碕宮《なにはのながへのとよさきのみや》、（現大阪府大阪市中央区法円坂の難波宮跡公園周辺）に遷都しました。また、孝徳は在位中に大化（645〜650）・白雉（650〜654）という二つの年号を建てたとされています。

『日本書紀』は白雉4年（653）に皇太子（中大兄皇子）が大和に帰ることを提案し、反対する孝徳だけを残して皇祖母尊（皇極、宝皇女）や孝徳の妃である間人皇后、その他の皇族や群臣官僚をみな引き連れて去ってしまったと記しています。つまり、孝徳と中大兄皇子が対立すると、すべての皇族や臣が中大兄皇子の方を支持したという書きぶりになっているわけで、この記事も孝徳朝の実権は中大兄皇子にあったと印象付けるものとなっています。

しかし、中大兄らがいかに周到に手を回したといっても三韓からの上表を受け取るという外交行事を、大王である皇極の眼を盗んで装いながら、宮中に刺客を伏せるというのは無理でしょう。乙巳の変の準備は皇極の黙認の下に行われたか、皇極本人が暗殺を計画したと考えなければ『日本書紀』が語るような状況は作れないでしょう。

ところで乙巳の変というのは要人暗殺にともなうクーデターです。このような事件の場合、暗殺そのものの実行犯がすぐに権力を握るということはまずありません。崇峻天皇暗殺においても崇峻を直接手にかけた東漢駒という人物は、事件の直後に蘇我馬子の娘を奪ったという冤罪めいた罪状で処刑されています。

また、宮中での暗殺ということは祭祀の場として清浄であるべき大王の居所に屍穢（死者のもたらすケガレ）を持ち込むことでもあります。入鹿暗殺の実行犯はその罪をも背負ったわけで、いかに朝敵（入鹿・蝦夷）退治の功績があるといってもすべて帳消しにはできないでしょう。

なお、皇極は記紀の歴代天皇で初めて生前退位（譲位）した天皇とされています。その異例の措置は宮中に屍穢が持ち込まれたことと無関係でないでしょう。

孝徳即位後の人事を見ると、乙巳の変関係者のうち、蘇我倉山田石川麻呂は右大臣、中臣鎌足は内臣《うちつおみ》（中国では皇帝の側近の意味）に就任していますが、佐伯連子麻呂と葛城稚犬養連網田は特に役職は与えられていません。佐伯連子麻呂についてはかろうじて入鹿暗殺によって封地（領地）を与えられたこと、古人大兄皇子粛清に参加したこと、天智天皇5年（666）の死の間際に天智その人の見舞いを受けたことなどの記録が残っていますが、葛城稚犬養連網田の方は乙巳の変以降、歴史からその姿を消してしまうのです。

蘇我倉山田石川麻呂は直接、入鹿に手をかけたわけではありませんし、蝦夷・入鹿父子が殺されたからこそ残った蘇我氏の一族を抑えるために孝徳にも重用する必要があります。

中臣鎌足は後ろで弓矢を構えることで殺害現場から距離を置いていましたし、彼が中大兄皇子に接近する前から軽皇子と誼を通じていたことは『日本書紀』も認めています。

さらにいえば孝徳即位自体、中大兄皇子よりも、弟への譲位で退位後も影響力を行使したい皇極にとって有利な政治的決着だったとみなすことができます。

中大兄皇子の皇太子就任についてはは7世紀半ばの時点で皇太子という制度自体、確立していたかは疑問があります。皇極退位後の皇祖母尊という称号については、皇極の子である天智・天武や孫である持統が朝廷の歴史の一大画期とみなされるようになり、「天皇」という称号も定着した8世紀になってからのものとみなすべきでしょう。

つまり、後世、大化の改新といわれる国家制度の改革の時期、実権を握っていたのは中大兄皇子ではなく宝皇女と孝徳の兄弟だった、そしてその2人が対立した時、他の皇族や群臣は宝皇女の方を支持してともに難波長柄豊碕宮を去っていったのです。

中大兄皇子は母や叔父が画策している蘇我入鹿暗殺という事業にのめりこむあまり、自ら実行犯になってしまった。これにより中大兄皇子は実権を得るどころか、即位から遠ざけられたというわけです。

『日本書紀』は、乙巳の変を中大兄皇子の視点から見て成功したクーデターだったとするために、入鹿暗殺後に彼がスムーズに実権を得たかのように文飾しました（その理由は後述）。

そのため、後世の日本においては乙巳の変と大化の改新を手本とすることで要人暗殺実行犯による政権掌握を甘く見る風潮が生じました。大正時代には中大兄皇子の師・南淵請安《みなぶちのしょうあん》の講義録と称するクーデター指南書『南淵書《なんえんしょ》』が偽作されたこともあります。それは五・一五事件（1932）、二・二六事件（1936）を起こした青年将校やその支援者たちの間で広く読まれテロの正当化に使われることになりました。『日本書紀』の文飾は編者たちさえ思いもよらぬ形で後世に悪影響を与えたわけです。

「狂心渠」と都市計画

白雉5年（654）秋10月、難波に残っていた孝徳は危篤に陥り、宝皇女、中大兄皇子、間人皇后ら皇族たちは難波に赴いてその臨終に立ち会いました。そして、まもなくして宝皇女はなんら抵抗を受けることなく重祚（退位した天皇がふたたび即位すること）しました。後世、重祚後の彼女は斉明天皇と諡されています。

斉明の治世の特徴と言えば、まず挙げられるべきは土木工事好きなことでした。

『日本書紀』は彼女が皇極天皇として即位したその年にも、大寺院と宮室を建てるという詔を発布して諸国より木材と工人とを集めさせたことを記しています。

斉明は新たな宮を建てる場所を探し求め、岡本（現奈良県明日香村岡）にいったん宮室を置きます（後飛鳥岡本宮《のちのあすかおかもとのみや》）。

さらに斉明は飛鳥を見下ろす田身峰《たむのみね》（多武峰、奈良県桜井市）の山並みに冠をかぶせたように石垣を巡らせ、山頂の二本の槻樹（つきのき、けやき）のそばに観（物見台）を建てて「両槻宮《ふたつきのみや》」あるいは「天宮《あまつみや》」と名付けました。

さらに大和三山の香具山（奈良県橿原市南浦町）から石上山《いしがみやま》（現奈良県天理市石上町）まで水路を掘らせ、２００艘もの舟を浮かべて石上山の石を飛鳥まで運ばせました。

現在ではすでに現地での考古学的調査により天理市方面からもたらされた古代飛鳥の石造物に使われていたことが判明しており、この大土木工事が実際に行われていたことはほぼ裏付けられています（直木孝次郎・鈴木重治『飛鳥池遺跡と

亀形石』2001、鶴井忠義著・奈良の古代文化研究会編『斉明女帝と狂心渠』2012、他)。

『日本書紀』はこの大土木工事の記事に続いて、当時の人々が「狂心渠《たぶれごころのみぞ》」と呼び、水路を作るのに3万以上、石垣を作るのに7万以上もの工夫を動員してただ山を荒らしているだけだ、と謗《そし》っていたとしています。

また、斉明天皇5年(659)3月には甘樫丘《あまかしのおか》(現明日香村豊浦)の東麓の川原で陸奥と越(北陸)の蝦夷を歓待するために、翌6年(660)6月には石上池《いそのかみのいけ》(現奈良県天理市石上町の大将軍池)で粛慎《みしはせ》(本来は古代満洲にいた狩猟民族、ここではおそらく現北海道にいたアイヌの先祖)を歓待するために、それぞれ須弥山《しゅみせん》を築かせたとあります。

須弥山とは、仏教宇宙観で世界の中心にそびえたつ高山ですが、斉明は北方の異民族に倭国(日本)の国威を示すためになんらかの石造物を準備したのでしょう。通説ではこの須弥山は明治35年(1902)に石神《いしがみ》遺跡(現明日香村飛鳥)

で出土した高さ240センチほどの噴水施設、もしくはその類似品であろうとされています。噴水施設は池や水路も伴うので、宴の場にしつらえることは、それを準備した者の水利技術を示すのにも有効です。

斉明の土木工事好きは斉明天皇4年（658）11月に起きたいわゆる有間皇子《ありまのみこ》の乱の引き金ともなりました。有間皇子（640〜658）は孝徳天皇の子で、蘇我倉山田石川麻呂の子である蘇我赤兄《あかえ》から斉明への反乱を持ちかけられて賛同したところ、赤兄に密告されて紀国（現和歌山県）に流され、流刑先で処刑された人物です。彼は『万葉集』巻2に収録された2首の歌で悲劇の皇子という印象を強く残しています。

磐代《いわしろ》の　浜松が枝《え》を　引き結び　ま幸《さき》くあらば　また還り見む

（国歌大鑑141）

家にあらば　笥《け》に盛る飯《いひ》を　草枕　旅にしあれば　椎の葉に盛る
（国歌大鑑１４２）

その意味は、流刑の旅の最中に縁起担ぎで松の木の枝に結び目を結んでみたが、生きて戻れたならこの結び目をまた見ることがあるだろう（結局、見ることはできなかった）。家にいた時には神様へのお供えのご飯はきちんとして食器に盛っていたのですが今は食器が手元にないので椎の葉でお供えします（この神への祈りも彼の命を救うことはなかった）というものです。

さて、ここで注目したいのは赤兄が有間皇子に反乱を持ちかけた発言の内容です。『日本書紀』によると赤兄は斉明の治世には三つの失政があると有間皇子に告げました。

すなわち、倉庫を大いに建てて民の財産であるべき富を集めている、水路工事のために公粮（国の財産）を食いつぶしている、舟に石を積んで運び丘を築くという無意味なことを行っている、というものです。

赤兄は特に処罰されることはなく、後に天智天皇と大友皇子に重用されていいます（壬申の乱で近江側の臣として失脚、配流）。赤兄は斉明の意を体して有間皇子を陥れたとみてよいでしょう。自分の政策の評判の悪さをも我が子らの将来的な政敵を排除するために利用したわけで斉明の政治的センスはたいしたものです。『日本書紀』には皇太子（中大兄皇子）が捕らえられた有間皇子に反乱の動機を聞いたところ、「天と赤兄と知らむ。おのれらもはら知らず」（天と蘇我赤兄は知っているだろうが、私はまったく知らない）と答えたという記事があります。これも有間皇子が、自分を陥れる謀略は斉明（天）と蘇我赤兄が仕組んだものだったことに気付いたという話と解せます。

ところで、斉明の土木工事好きを説明するために、それらの建築には宗教的意義があったと考え、祆教《けんきょう》（イランから唐経由で入ったゾロアスター教）や教団道教の影響で説明しようとする論者もいました。

しかし、東京学芸大学名誉教授（考古学専攻）の木下正史氏は、斉明が行おうとしたのは明確な都市計画に基づく都造りであり「狂心渠」もその資材を運ぶための運河だったと説いています。その政策が不人気だったのは当時の倭国（日本）においてその構想が先進的すぎたからというわけです（木下正史「古代都市の建設と土木工事」『Consultant』237号・2007年10月）。

新天地の開拓ともいうべき厩戸皇子の斑鳩宮建設と違い、すでに歴史がある飛鳥での都市計画は旧来の勢力とせめぎあいながらの再開発という形をとらざるをえません。斉明の志に都市計画実現があったとすれば、その思いは後世に受け継がれ、藤原京・平城京・平安京を生んだといえるでしょう。

劇的な最期

斉明が蝦夷や粛慎といった北方の勢力を歓待するための宴を開いたことは先述

しましたが、斉明は北方勢力への武力行使（現地からすれば侵略）や宣撫工作に力を入れた大王でもありました。その背景には当時の東アジア国際情勢がありました。

皇極天皇即位と同じ642年、高句麗では反唐路線の将軍・淵蓋蘇文《せんがいそぶん》がクーデターで政権を握り、5年後に新羅で親唐路線の真徳女王（在位647〜654）が即位しました。日本（倭国）と同盟関係にあった百済の義慈《ぎじ》王（扶余《ふよ》義慈、在位641〜660）は高句麗と結んで新羅と敵対する方針をとりましたが、それは結果として唐による朝鮮半島情勢介入を招き、660年、唐・新羅連合軍による王都占領と義慈王降伏を以て百済は滅亡しました。これにより鉄素材調達ルートなど倭国が朝鮮半島に有していた利権は失われました。

斉明は、倭国に滞在していた義慈王の子・扶余豊璋《ほうしょう》を擁立し、旧百済領内の反唐勢力と呼応して、百済復興の軍を起こしました。

斉明7年（661）5月、斉明は朝倉橘広庭宮《あさくらのたちばなのひろにわのみや》（現福岡県朝倉市）に入り、百済再興の軍を興す準備に入りました。しかし、この宮ではいきなり建物が壊れたり、宮中に鬼火が現れたり、斉明の近侍の者たちが次々に病に倒れて大勢の死者まで出たりするなど怪事が相次ぎました。ついにはその年の7月に斉明自身も崩御してしまったのです。8月、斉明の遺体を運ぶ葬列を見る者がありました。

「朝倉山の上に、鬼ありて、大笠を着て、喪の儀《よそほひ》を臨《のぞ》み観る」(『日本書紀』)

この朝倉山というのは麻氏良布《までらふ》神社(現福岡県朝倉市杷木志波)の御神体山とされる麻氏良《までら》山のことです。『日本書紀』は、怪異譚を並べることで斉明は祭祀者として神威を御しきれなかったために鬼神に滅ぼされたことを暗示したわけです(原田実『邪馬台国浪漫譚』2004)。

そして、これらの怪異譚はまた、斉明自身が鬼神を祭るだけの器量を持たず、神の加護を得られなかったとすることで、斉明の急死とこの後に続く軍事的失敗という事実を説明するためのものでもありました。

斉明崩御の直後、旧百済領では、帰国した豊璋と現地での反唐勢力のリーダーである鬼室福信《きしつふくしん》が仲違いし、ついに豊璋が福信を殺しました。これにより旧百済領内の反唐勢力は弱体化、新羅に抗すべき術を失ったのです。

663年8月、豊璋救援のために派遣された倭国水軍の主力は唐・新羅連合軍の前に敗北を喫し、ついに倭国は朝鮮半島への足掛かりを失ってしまいました。

中大兄皇子は、その倭軍の立て直しや百済からの難民受け入れ、唐や新羅との国交回復などに手腕を発揮しました。668年に彼がようやく天智天皇として即位できたのもその敗戦処理での手際が周囲にみとめられたからでしょう。

第4章

持統天皇

消された女帝？

661年の斉明崩御後、『日本書紀』は皇位が斉明の子である天智（和風諡号・天命開別《あめみことひらかすわけ》天皇、在位668〜672）、次いで天智の弟である天武（和風諡号・天渟中原瀛真人《あまのぬなはらおきのまひと》天皇、在位673〜686）に受け継がれたとされています。

『日本書紀』本文の記述では、斉明崩御後、天智崩御後にはそれぞれ数年の空位期間があったことになるのですが、書紀編者は斉明崩御翌年を天智天皇元年、天智崩御翌年を天武天皇元年とすることで斉明・天智・天武の治世が連続していたという形式をととのえました。

また、一方で『日本書紀』は天智天皇の条において即位前の天武（大海人皇《おおあまのみ》子《こ》）を「大皇弟《ひつぎのみこ》」もしくは「東宮《まうけのみこ》」（皇太子と同義）と呼び、天智に次ぐ存在として位置づけており、天智崩御後の天武即位が妥当なものであったことを印象付けようともしています。

さらに『日本書紀』編者は、天武天皇条では天武は天智即位の時点ですでに東宮に任じられていたとし、天智崩御の翌年の記事から即位前のはずの天武を「天皇」と呼ぶことで、あたかも天智崩御と同時に即位したかのように読者に錯覚させるような筆法まで弄しました。

さて、斉明崩御後の空位期間（それはまた白村江敗戦後の混乱期でもあります）、日本（倭国）を治めていたのが即位前の天智、すなわち中大兄皇子であることについてはほぼ異論がありません（この時代を唐による倭国占領期として解釈する説もありますが中国・朝鮮側の史料にはそれを裏付ける記述はありません）。『日本書紀』はその時期を「皇太子」としての中大兄皇子の称制（天皇に代わって統治すること）として説明しています。

ところが天智崩御後については事情が違います。なぜなら、天智が近江京（現滋賀県大津市錦織方面）で崩じた時、大海人皇子は天智の病気平癒を祈るための出家という名目で政務を退き、離宮だった吉野宮（現奈良県吉野町・宮滝遺跡方面）に入っていたからです。

崩御直前の時期、天智は大海人皇子を病床に召して後事を託したい（つまり皇位を継いでほしい）と告げたとされています。大海人皇子の返答は次のようなものでした。

「ひつぎをあげて大后《おおきさき》にさずけまつらむ。大友王《おおとも》をして、もろもろのまつりごとをのたまはしむ」（皇位は皇后である倭姫王《やまとひめ》に継がせればよい。政務は大友皇子にとらせればよい）

倭姫王は古人大兄皇子の娘でれっきとした皇族ですから皇位継承権はあります。大友皇子は天智天皇の子で、この時期にはすでに太政大臣として政務をとりおこなっていました。

この天智と大海人皇子のやりとりは通説的理解では、天智は大友皇子に皇位を継がせたいという強い意志を持っており、大海人皇子が皇位を継ぐといったなら粛清するつもりだったのが、大海人皇子もそれを察していったん出家することで難をのがれたという駆け引きだったとされています。

しかし、それはそれとして天智の崩御後、なぜ大友皇子がすぐに即位しなかった（あるいは即位したのだがその事実が抹消された）のかという疑問が残ります。実際、明治時代には大友皇子は実際には即位していたはずという説が有力となり、明治3年（1870）には明治天皇より大友皇子に「弘文天皇」という諡号が与えられました。

また、大海人皇子が提案したように倭姫王が即位した、あるいは倭姫王による称制が行われたという説もあります。その場合、『日本書紀』は女性君主としての倭姫王の事蹟を抹消したことになるわけで、神功や飯豊の場合と同様、消された女帝が7世紀にもいたかも知れないということになるのです（しかも神功や飯豊が伝説上の人物にすぎないのに対し、倭姫王はほぼ実在ということでその抹消はより重大な問題といえるでしょう）。

しかし、大友皇子にしろ、倭姫王にしろ、天智崩御後の近江京で皇位を継いだ人物がいたとしても、『日本書紀』はそれについて記すことはできませんでした。その理由は前章で挙げた乙巳の変の解釈と並んで『日本書紀』編纂の主要目的とも関わるものだったのです。

持統天皇と壬申の乱

672年夏、大海人皇子は吉野を出て美濃、（現岐阜県南部）伊勢・伊賀（現三重県）などの兵を集め、近江京の大友皇子を攻めました。天智の娘で大海人皇子の妻である鸕野讃良皇女《うののささらのひめみこ》は輿に乗って夫に同行しました。鸕野讃良皇女は、行軍の途中、桑名郡家《くわなのこおりのみやけ》（現三重県桑名市）にとどまって近江への東の入り口となる不破《ふわ》（現岐阜県関ケ原町方面）に向かう夫を見送りましたが、それまでの軍議に参加して夫とともに謀をめぐらせました。つまり、彼女は自分の弟を倒すための作戦を立てていたわけです。

近江京は大海人皇子の軍によって陥落し、大友皇子は自決、大友皇子の側近たちも戦死や自決、流刑といった末路をたどりました。『日本書紀』ではこの戦争の記事において大海人皇子を「天皇」と呼んでいます（近江京側の視点の記述には「大皇弟」と呼んだ箇所もあり）。

つまり『日本書紀』の叙述上は「天皇」に対する大友皇子の抵抗という形になっているわけです。この戦争は後世、「壬申《じんしん》の乱」と呼ばれていますが、その「乱」というのはあくまで（天武）天皇に対する大友皇子の反乱という意味です。『日本書紀』でも、大海人皇子側からの視点の記述では、大友皇子が自分を攻めるための兵を集めているのを知った大海人皇子が自衛のためにやむなく挙兵したという筋書きになっています。

もっとも『日本書紀』では近江京側の動向を知ってあわてて兵を揃えたにしては手際がよすぎるため、実際には大海人皇子が周到な準備の上で先制攻撃をしかけたと解釈する方が妥当でしょう（たとえば大海人皇子が吉野宮で出兵の準備を始めた日付は6月22日とされているのに4日後の6月26日には、すでに三千の兵で不破の道を封鎖したという知らせを桑名郡家で受け取っている)。

壬申の乱の勝利によって大海人皇子の即位を阻む者はいなくなりました。すなわち天武天皇の登場です。

以上、『日本書紀』は前章からの指摘と合わせ、斉明~天武朝にかけて次のような文飾を行っていることが判明しました。

○蘇我入鹿暗殺から中大兄皇子の権力掌握がスムーズに進んだように記すことで乙巳の変が中大兄皇子の主導で成功したクーデターであったかのように印象付ける

○天智崩御後の近江京を空位とし、壬申の乱を天武に対する大友皇子の反乱として描くことで、大友皇子もしくは倭姫王の統治権を簒奪したことを否定し、天武の即位を正当化するこの二つの文飾による最大の受益者は何者でしょうか。それは天智の娘、天武の皇后で自らも皇位についた鸕野讃良皇女、すなわち持統天皇（和風諡号・高天原廣野姫《たかまがはらひろのひめ》天皇、在位６９０〜６９７）その人であり、さらに彼女の血を引く後の天皇たちです。

なお、「天皇」という称号について現在判明している最古の確実な用例は飛鳥池工房遺跡（天武・持統期、奈良県明日香村飛鳥）出土の木簡に記されたものです。したがって持統朝にはすでに「天皇」号が定着していたことは間違いありません。

中央集権国家への道

壬申の乱に勝利し、即位した天武は飛鳥浄御原宮《あすかきよみはらのみや》（奈良県明日香村飛鳥もしくは明日香村岡）でその治世を始めました。

679年5月、天武は皇后や皇族たちを引き連れて吉野宮に行幸しました。その際、天武と皇后の間に生まれた草壁皇子《くさかべのみこ》は、他の皇子たちと助け合って（父である）天皇に仕えることを神々と天武に誓い、その場にいた他の皇子たち、すなわち草壁皇子の腹違いの兄弟である大津皇子《おおつのみこ》・高市皇子《たけちのみこ》・忍壁皇子《おさかべのみこ》、天智の子である河嶋皇子《かわしまのみこ》、施基皇子《しきのみこ》ら5人もそれに続きました。

天武は、その全員が等しく我が子であると告げ、6人の皇子を抱きしめました。さらに6人の皇子は同行していた皇后に対しても同じ誓いをたてました。

これは大友皇子を打ち破った天武にとって天智の他の子らや彼らに心を寄せる臣たちとの和解のために必要な儀式でした。そして、この儀式をプロデュースしたのは天武に同行していた皇后・鸕野讚良皇女だったように思われます。なぜなら『日本書紀』は持統天皇の条において即位の式典や神々の祭祀の式次第について急に饒舌となっており、彼女の治世においてさまざまな儀式の形式が整えられていったことがうかがえるからです。

天武は大臣を置かず、皇族たちを要職につけながらも政務の権限は自分に集中させる専制政治を行いました。681年、天武は法令整備の基礎となる律令の編纂を行うよう皇子や臣たちに命じました。

また、684年には各氏族に「姓」を与えて序列を作るという「八色の姓」(真人《まひと》・朝臣《あそん》・宿禰《すくね》・忌寸《いみき》・道師《みちのし》・臣《おみ》・連《むらじ》・稲置《いなぎ》)の制度を定めています(ただし以前から姓を持っていた氏族の抵抗もあり運用は完全ではなかった)。

朝廷に仕える官僚についてもその位階を細かく規定し、官服の色まで細かく制定しました。また、冠位(冠によって可視化された位階)をはっきりさせるために官僚の髪形を改め、冠をかぶりやすい髷を奨励しました。

そうして明確化された氏族の序列、官僚の位階の頂点には常に自らの玉座があるという形で天武は改革を推し進めたわけです。

あるいは「天皇」号自体、天武が自らに権力を集中させる作業の一環として用いだした称号だったのかも知れません。『万葉集』には「おおきみは神にしませば」で始まる歌が何首もありますが、最初にこの言葉を捧げられたのは天武その人です（劉權敏「万葉集における天皇の神性について　柿本人麻呂と大伴家持を中心に」（『倫理学』25号、２００９年3月）。

天武は歌人に自らを神だとうたわせることで自己神格化を進めていたわけで「天皇」号も同様の目的で用いられたものと思われます。

「天皇」号は天武の崩御後、持統に引き継がれ、現在も皇室によって使われているわけですが、持統が彼から継いだものは皇位と称号だけではありません。天武の中央集権国家建設事業もまた持統に引き継がれ、さらに推進されることになるのです。

為政者としての持統

持統天皇といえば、小倉百人一首の第2首「春すぎて夏来《き》にけらし白妙《しろたえ》の衣ほすてふ天の香具山」（『万葉集』では巻1所収、国歌大観28番「春すぎて夏来るらし白妙の衣干したり天の香具山」）が有名です。彼女は小倉百人一首に御製がとられた唯一の女性天皇です。

しかし、『日本書紀』からうかがえる彼女の本領は政策実行能力の高さにこそありました。たとえば飛鳥浄御原礼の公布施行です。

律令は刑法にあたる律と行政法などにあたる令からなる国家の法律の総称で、中国では隋唐期にほぼ完成した律令の体系が整いました。

日本における最初の律令法典としてはいわゆる近江令があります。近江令に関する記事は『日本書紀』にはありませんが、『藤氏家伝《とうしかでん》』に天智元年（668）に律令が制定されたとの記述があり、平安時代初期に律令の補足として編纂された『弘仁格式《こうにんきゃくしき》』序にも天智元年に近江朝廷の礼22巻が編纂されたとすることからその実在性は高いとみなされていました。最近では帝塚山大学教授（国史学専攻）の鷺森浩幸氏が、『続日本紀』にある元正《げんしょう》天皇・養老3年（719）10月17日付の詔勅に「近江の世」（天智天皇の治世）に「無改」の「恒法《こうほう》」（つまり後から改める必要がないほど完璧な法制）が作られたとあることについて、これは明確に近江令を意味すると指摘しています（鷺森浩幸『藤原仲麻呂と道鏡』２０２０）。

その後、天武天皇が改めて律令の編纂を命じる詔を発したのは先述の通りです。しかし、その事業は天武の生前には完成しませんでした。父・天智による律令制定事業と、律令の完成を目指す夫・天武の意志を引き継いだ持統は６８９年６月、出来上がった令22巻を司（地方の官人）に配布して統一国家としての法治の基礎を固めました。これを飛鳥浄御原令といいます。

もっとも、行政の方針や手順を示す令に比べて、具体的な罰則をともなう律の編纂は困難だったらしく、近江令、飛鳥浄御原令ともセットで配布されるべき律は作られないままに終わったようです。

持統は班田収授法《はんでんしゅうじゅ》（戸籍に基づいて民に田を給い税収を安定させる政策）を実現した最初の天皇でもありました。『日本書紀』によれば、班田収授法そのものは646年の大化改新の詔にも見え、その実現に必要な戸籍作りは天智天皇の世にも行われたとされていますが、その目標がどこまで実現されたかは疑わしいものでした（大化改新の詔については書紀編纂時の文飾もありえます）。持統は、689年8月に国司たちに命じて改めて戸籍を作らせました。それでようやく班田収授法を可能にする条件が整ったとみられます。

日本において都市計画に基づく首都建設は、厩戸皇子による斑鳩宮や斉明による大土木工事といった試みこそあれ、なかなか実現にはいたりませんでした。天武天皇も676年に新城（新しい都市）の建設に着手しましたが、生前にその完成を見ることはありませんでした。

持統は、692年、藤原《ふじわら》（現奈良県橿原市方面）の地を自ら観て、都市建設の状況を確めました。持統が完成した藤原宮に入って百官を揃えたのは2年後の694年のことでした。それまでの宮が基本、一代ごとに遷っていたのに対し、藤原宮は何代にもわたって住めるよう計画された都市に置かれたため、大正時代以降の学術用語ではその都市は藤原宮と呼ばれています。

「天皇」号が天武天皇の世に定着したとすれば、持統は即位した時から「天皇」だった最初の君主ということになります。彼女は「天皇」という大仰な称号で呼ばれるにふさわしい威信ある国の主を目指し、それを実現していったというわけです。

天武が自らに権限を集中させたのに対し、持統は高市皇子を太政大臣に、右大臣に多治比嶋《たじひのしま》を任じて政務を助けさせました。

高市皇子は天武天皇の皇子たちの中でも年長で、壬申の乱では天武から美濃国方面での軍権を委ねられ、大いに戦功を挙げた有力者でした。その功績を思えば太政大臣も順当な地位でしょう（もっとも持統自身が追い詰めるのに協力した兄・大友皇子と同じ肩書と思えば、人臣に留めて皇位継承権は与えないなどの含むところがあったのではないかとも勘繰れますが）。藤原宮建設にあたっても、高市は持統より先に藤原の地に赴いて下見をしています。古代における都市は都城でもあったわけで、軍事的経験を積んだ高市の視点は都市建設においても生かされたのです。

一方、多治比嶋は宣化《せんげ》天皇の子孫とはいってもそれまでは特に大きな功績のない公卿でした。持統の人事においては大抜擢です。彼については『竹取物語』に登場する策謀家の石つくりの御子のモデルとする説もありますが、確証はありません。

大津皇子粛清の冷徹さ

朱鳥元年（686）9月の天武天皇崩御直後、有力皇族・大津皇子の謀反が発覚したとして大津ならびにその側近30人余りが逮捕されるという事件がありました。その翌日、大津は死を給いました（自殺を強要された）。漢詩集『懐風藻《かいふうそう》』と『万葉集』巻3はそれぞれ大津の辞世の詩と歌とを収めています。

金烏臨西舎　鼓声催短命　泉路無賓主　此夕離家向
金のカラスを宿した太陽は西の家を照らし、
時刻を告げる鼓の音は私に短命をもたらす。
死後の世界である黄泉への道では賓客と主人の区別はない。
この夕暮れにこの世での家を離れてあの世に向かうのか。

（『懐風藻』）

百伝ふ磐余《いわれ》の池に鳴く鴨《かも》を今日のみ見てや雲隠《くもかく》りなむ
（「ももづたふ」は磐余の枕詞）我が邸宅の近くにある磐余の池では今日もいつも
と変わらず鴨が泣いているのに私はこれから雲隠れ（死ぬこと）しようとしている。

（『万葉集』巻3、旧国歌大観416番、新国歌大観419番）

謀反の疑いで自決させられた人物であるにも関わらず、『日本書紀』は彼について、容姿は立派で弁舌も優れ、幼少の頃から伯父である天智天皇にも期待されていて、成長してからは才学を表して文筆を好み「詩賦《しふ》の興《おこり》、大津より始まれり」（日本における漢詩文は大津によって興隆した）などと筆を極めて賞賛しています。その享年は24歳（数え年）でした。

また、大津の妃であり、天智天皇の皇女で持統にとっては妹に当たる山辺皇女も大津が罪せられたのを知り、髪も乱れたまま裸足で大津の下に走っていって殉死しました。

そして、連座して逮捕された側近たちのうち、処罰といってよい扱いを受けたのは新羅人の僧・行心《ぎょうしん》のみで、他の者はみな大津に騙されただけだとして無罪放免されました。その中には後に大宝律令編纂に加わった壱岐連博徳《いきのむらじはかとこ》、神祇伯となった中臣臣麻呂《なかとみのおみまろ》（意美麻呂）、式部卿（官位などをつかさどる式部省の長官）となった巨勢多益須《こせのたやす》など出世した人物もいます。また、行心の処遇にしても飛騨国の伽藍に移すというもので流刑というより栄転というべき扱いでした。

『日本書紀』は大津謀反の証拠についてなんら言及していません。『懐風藻』では占いが得意な行心が、あなたは人臣におさまる人相ではない（つまり王になるべきだ）と大津をそそのかしたとしていますが、これも大津の謀反の理由を具体的に示せないのでこじつけた感があります。

もちろん『日本書紀』は明記してはいませんが、通説的理解では、鸕野讃良皇女が我が子・草壁皇子《くさかべのみこ》の政敵である大津を排除するために謀反の冤罪をでっちあげたとされています。

草壁皇子は662年生まれ、大津皇子は享年から逆算して663年生まれですから、草壁は大津の兄ということになります。大津の母は天智の娘で鸕野讃良皇女にとっては姉にあたる大田皇女でした。天武の皇子で、天智の血筋も母方で引くということでは草壁も大津も同様です。

草壁の方が年長とはいえ詩文の才では大津の方が上ですから臣たちの支持が草壁を離れて大津に向かうことは十分にありえます。その危機を察した鸕野讃良皇女が早めに手を打ち、大津を陥れたというわけです。

ところが大津の死の数年後、今度は皇太子だった草壁皇子が急死します。草壁・大津に次ぐ有力な天武の皇子といえば高市ですが彼の母親の尼子娘《あまごのいらつめ》は北部九州の豪族・宗形徳善《むなかたのとくぜん》の娘で、皇族ではありませんでした。天武の皇子からは皇位継承者不在ということで、天武の皇后だった鸕野讃良皇女が皇位につきました。すなわち持統天皇です。

持統天皇10年（696）、高市皇子が死んだ時の状況について『懐風藻』は葛《かづ》野《の》王（大友皇子の子）の事蹟として次のように伝えています。

持統は皇族や公卿たちを集めて次の皇位継承者について議論させたが紛糾するばかりだった。葛野王は、皇位は兄弟ではなく親子で継承するべきだ、と唱えて衆議を決した。その時、天武天皇の皇子の弓削皇子《ゆげのみこ》が異論をはさもうとしたが葛野王に一喝されて黙ってしまった。こうして皇位は正式に皇太子だった草壁の遺児である軽皇子に譲られることになった。

翌持統天皇11年に持統から軽皇子への譲位がなされます。すなわち文武天皇（在位697〜707）です。持統からすれば自分の孫に皇位を譲ったことになります。

壬申の乱で兄・大友皇子を追い詰めるのに加担したことと、大津皇子に対する素早い処断は、持統に冷徹な策謀家のイメージを与えました。大津だけでなく高市皇子、弓削皇子（699年薨去）の急死についても持統の関与を唱える説もあります。

また、異説奇説に属するものではありますが天武天皇や草壁皇子についてさえ、持統による暗殺を疑う論者もいます。持統の政治的目標は彼女自身が君臨することであり、夫や我が子でもその邪魔になったと判断したら容赦はなかったというわけです

ちなみにほぼ同時代の中国では、唐の帝位を奪った武周の女帝・武則天（在位690〜705）が自分の即位に反対した息子たちを死に追いやった実例があり

ます。

かつてNHKテレビで、声優・歌手として有名な水樹奈々氏を持統天皇役にして絵物語でその人生を辿るという番組を放送したことがあります（「古代日本愛のチカラ〜よみがえる持統天皇の都〜」2015年6月放送）。その中で描かれた持統天皇像は、夫の生前には妻として仕え、夫の死後はその志を受け継いで守り抜くことで生涯を天武への愛に捧げた女性でした。

しかし、私は、せっかく水樹氏を起用したのだから、戦陣にあって弟を追い詰め、政敵を粛清し、血の海から這い上がるようにして権力を握った女帝としての持統を見たかった、と少し残念に思ったものでした。

持統は特異な女帝だったか

『懐風藻』が伝える通り、高市皇子の死によって皇位をめぐる議論が生じたとすれば、その直前まで次の皇位にもっとも近い立場にあった人物は高市その人だったということになります。『日本書紀』では高市の死の記事で彼のことを「後皇子尊」と呼んでいます。

また、『万葉集』巻2で柿本人麻呂《かきのもとのひとまろ》が高市に捧げた挽歌（国歌大観199〜201）の詞書では、高市のことは「高市皇子尊」と記されています。この「皇子」の後に「尊」をつける用法は通常、皇太子に対しての尊称です。

つまり、高市は晩年には皇太子だった可能性が高いのです。高市が持統の崩御後も存命で皇位を継いでいたとするなら軽皇子が皇位につくことはなかったでしょう。

この点からいえば、持統には高市を粛清するだけの動機はあったことになります。しかし、生前の高市は持統と良好な関係を保っており、特に敵視されたという証拠はありません。

1988年、奈良県奈良市、かつての平城京東南の一角においてデパート建設工事に伴う発掘調査が行われていました。そこで発見された遺跡の規模の大きさや4万点にも及ぶ大量の木簡（記録用の木片）は、そこに貴人の邸宅があったことを示していました。すなわち長屋《ながや》王邸宅跡の発見です。木簡の中には犬の餌にするための米を大量に運びこんだことを示す記録までありました（通販の伝票のようなものと思えばわかりやすいでしょう）。

遺跡の保存を願う多くの市民の願いも空しくデパート建設は強行され、今ではそのデパートも閉店して建物自体が現代の遺跡となっています。

それはさておき、邸宅の主だった長屋王（出土木簡および『日本霊異記』『今昔物語集』によれば長屋親王、684?～729）は、高市皇子の子で、その最期こそ藤原氏と対立して自害に追い込まれていますが、最有力の皇族として権勢をふるっていました。

長屋王がその邸宅跡からもうかがえるほど豊かな暮らしを保っていたということは、持統が高市の死後も、その一族の財産や勢力を削ぐような介入を行わなかったことを示しています。高市が持統の政敵として粛清対象となったとすれば、長屋王の栄華はなかったでしょう。

弓削皇子の死去にいたっては持統は存命中とはいえ、すでに文武に譲位した後のことですから持統による粛清の結果ということはまずありえません。持統の冷酷さはいささか過大にイメージされている感があります。

さらにいえば、推古や皇極（斉明）についてもその手が血塗られていなかったわけではありません。『日本書紀』では、崇峻天皇暗殺について、推古と厩戸皇子を免責するためにその関与に言及せず、蘇我馬子に弑逆の罪を負わせています。また、蘇我蝦夷・入鹿父子の殺害については中大兄皇子の功績を強調するために皇極（斉明）が果たしたであろう役割を隠しています。

そして、持統についてしばしば、日本史上自ら政務を執った唯一の女帝などといわれることがあります。しかし、推古朝や皇極（斉明）朝の政策において天皇の意志が実際には反映されていたであろうことはすでに述べた通りです。君主が女性であるなら、別に政務をつかさどる男性がいたはずという思考はそれこそ男性優位社会が続いたゆえの思い込みというものでしょう。

もちろん、古代日本（倭国）も概ねは男性優位社会であったことは否定できません。だからこそ、そこに女性君主が立つのは卑弥呼以来、男性による王権の継承に難がある場合であり、つまりは王権そのものが危機的状況にあった時です。その状況を切り抜けるにはその手を血に染めることさえ辞さず、自らの意志を明確に持った人物でなければ無理だったのでしょう。持統は古代の歴代女性「天皇」の中で特に冷酷だったわけでも特に政治力があったわけでもなく、むしろ典型だったように思われます。

その行動規範は現代的な倫理観にそぐわないとしても古代の権力者が生き延びるために必要な資質だったのでしょう。

持統は律令発布や都市建設などを通して国家の指針を定めた人物であり、その事蹟は『日本書紀』編者にとっても記録すべきものでした。そのため、良くも悪しくも女帝の典型としての彼女の足跡が後世へと伝えられたのです。

　ところで持統は在位中、年に何度も吉野宮に行幸して過ごしています。若き日に天武と暮らした吉野は彼女にとって心安らぐ場所だったのでしょう。退位後の大宝元年（701）、晩年にさしかかった彼女は久々に吉野宮に遊びました。その崩御は大宝2年12月（西暦では703年1月）、殯の後にその遺体は荼毘にふされました。彼女はまた歴代天皇で最初に火葬にされた人物でもあります。

第5章

元明天皇と元正天皇

ポスト壬申の乱世代の旗手・藤原不比等

文武天皇に譲位した持統天皇のために新たに設けられた称号、それは太上天皇《だじょうてんのう》（略称は上皇）でした。後には出家した上皇を太上法皇（略称は法皇）と呼んだり、譲位後の住まいである院（仙洞）にちなんで上皇その人を院と呼んだりするようにもなります。先に、皇極が弟・孝徳への譲位後も共同執政を行っていたと思われることについて指摘しましたが、持統はさらに進んで天皇として皇太子の後見人を務めた役割を譲位後も続けるために新たな肩書を作り出したわけです。

ところで平安時代初期に成立したとされる『竹取物語』で、かぐや姫の前に5人（帝を入れれば6人）の求婚者が現れます。すなわち石つくりの御子、くらもちの御子、右大臣あべのみむらじ、大納言大伴のみゆき、中納言石上《いそのかみ》のまろたり、という顔ぶれです。

この5人のモデルは文武朝の有力政治家だという説があります。石つくりの御子は先述のように多治比嶋（624〜701）、くらもちの御子は藤原不比等《ふひと》（659〜720）、あべのみむらじは阿倍御主人《みうし》（635〜703）、大伴のみゆきは大伴御行《みゆき》（646〜675）、石上のまろたりは石上麻呂《まろ》（640〜717）にそれぞれ対応するというのです。

5人のうち、姓名ともほぼ同じ3人はともかく、石つくりの御子とくらもちの御子については少し説明が必要です。この場合の「御子」は皇子で皇族男子を意味しますが、多治比嶋は臣籍とはいえ、宣化天皇の玄孫で一応は皇室の血を引いています。また、藤原不比等については天智天皇の御落胤《ごらくいん》という噂が根強くあったため、この2人を「御子」として扱ってもおかしくはない、というわけです（つまり『竹取物語』に出てくる帝は文武天皇ということになります）。『竹取物語』の求婚者たちのモデルかどうかはさておき、この5人で一番若いのは藤原不比等です。そして、その年齢差はこの時代において決定的な世代の差ともなっているのです。

壬申の乱の時、阿倍御主人と大伴御行は天武・持統方の武将として手柄をたてています。多治比嶋は壬申の乱当時は49歳で戦場にこそ出てはいませんが官吏として軍の動静には関わっていたでしょう。

石上麻呂と同一人物と思われる物部連麻呂という人物について、『日本書紀』は壬申の乱で敗走する大友皇子が自決するまで従っていたと記しています（物部連は天武朝に物部朝臣に昇進、さらに石上朝臣に改姓）。

通説では、天武は敵だったとはいえ大友皇子に最後まで付き従った忠義を評価して石上麻呂を重く用いたというのですが、碩学・坂本太郎は、物部連麻呂が大友皇子に従ったというのは殉死したという意味だろうから物部連麻呂と石上麻呂は別人のはずだ、と指摘しています。しかし、物部は武の家柄ですから当時33歳だった石上麻呂は、物部連麻呂だったにしろそうでなかったにしろ何らかの形で壬申の乱に参戦していたことでしょう。

つまりは文武朝の執政5人のうち4人は壬申の乱体験者だったということにな

ります。ところが不比等はいわば戦争を知らない新世代の官僚として執政に加わったのです。

藤原鎌足は長男を出家させ（法名・定恵《じょうえ》、643〜666）、次男を文官の田《た》辺史大隅《なべのふひとのおおすみ》に預けました。不比等の名はその田辺史氏に由来しています。鎌足は不比等11歳の時に死去しており、その頃はまだ田辺史氏の家にいたので彼は官僚の家でそのまま育てられたのです。壬申の乱当時14歳（658年生まれで当時15歳説もある）の不比等はまだ少年の上、文官の道を歩みつつあり、戦場での喧騒に直接まみえることはありませんでした。

持統3年（689）、不比等は訴訟裁判をつかさどる判事の一人として官界デビューしました。彼はその前から草壁皇子の知遇を得てもいました（この点後述）。

不比等は官僚として順調に出世し、ついには文武朝で壬申の乱の功臣たちと並んで執政になったというわけです。

さらに不比等は文武に続く元明天皇《げんめい》（在位707～715）・元正天皇（在位715～724）の御世において一層の活躍をすることになります。

子から母への皇位継承

さて、元明天皇こと阿閇皇女《あべのひめみこ》（661～721）は天智天皇皇女で草壁皇子の妃でした。つまり持統天皇は彼女にとって姉であり姑でもあったことになります（2人とも母方の祖父に蘇我倉山田石川麻呂がいるので従姉妹にもあたる）。

阿閇皇女と草壁皇子の間には氷高皇女《ひたかのひめみこ》と軽皇子という2人の子供がいましたが、その軽皇子は草壁皇子の死後、持統によって皇太子に立てられ、さらに譲位されて文武《もんむ》天皇となりました。

『続日本紀』は、文武即位に際し、阿閇皇女に対しては天皇の母として皇太妃という称号が与えられたと記しています。

文武天皇は25歳の若さで崩御し、その子である首皇子《おびとのみこ》はまだ幼少だったので直系での皇位継承は難しい状況でした。それでも当時の為政者たちは天武・持統の皇統を守ろうとしました。その閉塞を打開するために選んだ一手こそ阿閇皇女の即位だったのです。

つまりは首皇子が成長して皇位を継ぐまでの間の時間稼ぎにすぎない……これが元明朝と続く元正朝との後世のイメージですし、当時の為政者もそう考えていたことはいたでしょう。

日本史上においても、子から母へ、女性天皇からその娘へ、という形で行われた皇位継承はそれぞれ文武―元明、元明―元正の一例ずつしかありません。

女性天皇は男系での皇位継承を維持するための中継ぎにすぎないという後世のイメージも、元明朝、元正朝の特異性が印象付けられることで定着したものと思われます。

しかし、ここで注目すべきは持統が自ら太上天皇になることによって準備した制度は、年長の後見人が政務を監督することで若年の天皇の即位を可能にするものだったということです。

義江明子氏は、皇太妃という制度自体が大宝令によるものであることを指摘し、阿閇皇女が皇太妃となったのは持統の崩御後、代わって文武の後見役になるためだったとしました（義江明子『女帝の古代王権史』）。

文武在世時の大宝元年（701）に制定された大宝令は持統が構想した制度を成文化する形で構築されています。大宝令編纂の筆頭となったのは天武天皇の皇子である刑部《おさかべ》親王（忍壁皇子）ですが、実際の編纂作業における中心人物は藤原不比等その人でした。彼は持統の意志を反映させる形で、天皇が女性や若年の男子であっても困らない制度を作りました。そして、それが後々までの天皇制のあり方に大きな影響を及ぼしていったのです。

指導力を求められた女性天皇

元明が和銅元年（７０８）に詠んだ御製が『万葉集』巻1に掲載されています。

ますらをの鞆《とも》の音すなり物部の大臣《おとど》楯立《たてた》てらしも（国歌大観76）

この歌に対しては元明の同母姉である御名部皇女が和した歌を捧げています。

我が大君ものな思ほし皇神《すめかみ》の継ぎて賜へる我がなけなくに（国歌大観77）

和銅元年は元明即位（慶雲4年7月）の翌年です。この年の1月に武蔵国秩父郡（現埼玉県秩父市方面）でとれた国産初の自然銅（精錬を要しない銅鉱）すなわち和銅が朝廷に献上されたのを記念しての改元でした。この和銅献上がきっかけで和同開珎《わどうかいちん》という貨幣が発行されたことは有名です。また、この年に元明は平城京遷都の詔を発しています（本格的な遷都は和銅3年＝710年）。

物部の大臣が率いる兵士は、天皇および国家の警護のためのものです。元明は、その天皇たる自分を警護しているはずの兵士の盾の音にも怯えるほど、さらに付き添う姉から自分もいるからと励まされなければならないほどの不安を抱えていたことを隠そうとはしなかったのです。

『続日本紀』は文武朝末期の慶雲2〜4年（705〜707年頃）に、諸国で疫病流行や旱魃、飢饉、盗賊の横行、丹波・但馬・大和での山火事多発などの災害が相次いだことを記しています。元明は即位早々、それらの災害がもたらした社会不安に対処しなければならなかったのです。だからこそ、まだ7歳の皇太子・首皇子ではなく文武の後見役としてすでに経験を積んでいた元明が即位しなければならなかったのでしょう。先の御製にはその重責への不安が見て取れます。

和銅献上とそれに伴う改元も、国家的なイベントによって社会不安を鎮めるという意図もあったでしょう。

律令と「不改常典」

元明が即位において発した詔には、日本古代史上有数の難解な語が含まれています。その詔では、まず、「現神八洲御宇倭根子天皇」「藤原宮御宇倭根子天皇」(持統のこと)が「今御宇天皇」(文武)に皇位を授け「並び坐して此の天下を治め賜ひ」、つまり共同統治したことが語られるとともに、その皇位継承は「近江大津宮御宇大倭根子天皇」(天智)が、天地と同様に長久で日月と同様に悠遠なものとして定めた「不改常典」(かわるまじきつねののり)に基づくものであったことが語られているのです。

詔はさらに文武が病を得て、自分の母(元明)に位を譲ったことを明言し、元明自身の即位に伴う大赦(刑法上の罪を負うた者に対する罪の軽減や免除)などの行事の指示へと続きますが、この「不改常典」の具体的な内容が何か、いまだ定説というべきものが形成されていないのです。

『日本書紀』の天智紀ではこれこそが「不改常典」と特に言及するような箇所はありません。「不改常典」は元明即位の詔勅の後、聖武天皇即位の詔と、聖武天皇が孝謙天皇に譲位する際の詔に出てきます。桓武天皇やそれ以降の天皇もしばしば即位の詔に、天智が定めた「法」に基づいて即位するという表現が見られますが「不改常典」という大仰な表現はありません。

つまりは元明、聖武、孝謙の即位に際しては、わざわざ「不改常典」というものがあることを説明しなければならない事情があったといってもよいでしょう。

「不改常典」に関する諸説は、皇位継承法に限定した内容とする説とそうではないという説があり、それぞれ実際に天智天皇が定めたという説と元明天皇即位の際に天智天皇に仮託して新たに制度として定められたという説とに大別できます。

これを皇位継承法とする説としては親から子への直系相承を正統としたという

説、天皇と正后の間の子の継承権を優先する嫡系相承を定めたという説、天皇が次の皇位継承者を指名する制度を天智が定めた（もしくは天智が定めたというフィクションを不比等が作った）という説、天武を例外として天智の血を引く者のみに皇位継承を認めるという説などがあり、皇位継承法に限らないとする説については大化改新で定まった諸制度を指すという説、律令（具体的には近江令）を指すという説、天智と鎌足が密約を結んで事を成したように皇室と藤原氏の間での協力関係を意味するという説、皇室尊重の原則を意味するという説などがあります。

いずれの説にも長所と短所があり、だからこそ定説が定まっていないのですが、私はこれを律令に基づく皇位継承の手続きの意味にとりたいと思います。

養老3年（719）10月17日、元正が舎人《とねり》親王と新田部《にいたべ》親王（天武天皇の皇子）に若年の首皇子の補佐を命じた詔では次のように述べられています。

すなわち、国家開闢以来、法令がまだなかった頃から君臣の位は定まっていた。

「近江の世」(天智天皇の治世)に法令の形式は整えられた。「藤原の世」(持統天皇・文武天皇の治世)には「無改」の「恒法」ができあがった。この法令に照らして考えれば皇位を受け継ぐべきものは皇太子だけである」

つまり同じ皇族で、しかも年長者であっても舎人親王と新田部親王は君臣の別をわきまえ、皇太子である首皇子に仕えなければならないという意味です。そして、その皇太子の地位を保証する法令こそ天智天皇によって定められ(近江令)、持統天皇・文武天皇によって完成された(大宝律令)「無改」の「恒法」たる律令だというわけです。鷺森浩幸氏はこの「無改」「恒法」は元明即位の詔の「不改常典」を踏まえたものであり、したがって「不改常典」も律令を意味することを指摘しています(鷺森浩幸『藤原仲麻呂と道鏡』)。

元明即位の詔はよく読むと、その中で「不改常典」に基づいて即位したとされるのは文武であって元明自身のことではありません。聖武即位の詔では彼が「不改常典」に従って即位するとされていますが、孝謙への譲位の詔では「不改常典」は聖武自身の即位に関する回想の中で言及されていて、孝謙がそれに従って即位するとは述べられていません。

つまり、元明即位の詔と孝謙への譲位の詔はそれぞれ文武と聖武については律令（不改常典）に基づき皇太子として先帝の後見を得た上で即位するという形式を整えることができたが、元明と孝謙の即位は（聖武の認識では）イレギュラーだったということを弁明するために発せられたものということになります。

ところで大宝律令で皇族の範囲を定めた継嗣令皇兄条には注目すべき註が見られます。次の引用の《　》に当たる箇所です。

「およそ皇《すめらぎ》の兄弟・皇子は、皆、親王とせよ。《女帝の子もまた同じ》」

親王は皇位継承権を持つ皇族のことです。つまり女性天皇についても男性の場合と同様、その子に皇位継承権を認めるという意味で、これは女系による皇位継承もありうるという可能性を示すものです（義江明子『女帝の古代王権史』）。

皇族同士での凄惨な殺し合いが続いたこの時代、不比等は将来、女帝の子しか皇族が残っていないという危機を迎える可能性を見越して、皇統を守るためにこの註を加えたのかも知れません。

女性天皇連続の原因は藤原氏への牽制？

和銅8年（715）9月、元明は当時36歳（680年生まれ）の自分の娘・氷高内親王に譲位します。すなわち元正天皇です。元明の譲位の詔では皇太子（首皇子）はまだ若年だからという理由で皇位につけるのを憚ったとあります。

元明朝は大宝律令に基づく諸制度が整えられていった時期でした。また、元正は養老2年（718）大宝律令編纂の中心人物だった不比等にさらなる律令の改正を求めました（ただしその成果が養老律令として完成したのは天平宝字元年＝757）。

一方、元明天皇には和銅5年（712）に太安万侶《おおのやすまろ》より『古事記』が上奏されています。また、元正朝の養老4年（720）には舎人親王が編纂責任者となった日本最初の正史『日本書紀』が完成しています（この場合の「正史」は国家公認の歴史書という意味で、内容が事実として正しいことは必ずしも意味しない）。

1970年代の古代史ブームの頃、不比等は持統～元正朝における政界の黒幕で、律令だけでなく記紀の編纂をも主導して日本の国家デザインそのものを作った人物だったという論が流行したことがあります。その論調を主導したのは京都大学出身の2人の哲学者の著述、梅原猛（1925～2019）の「神々の流竄」（1970年初出）と上山春平（1921～2012）『埋もれた巨像』（1977）でした。

上山の指摘によると『東大寺献物帳』は「黒作懸佩刀《くろづくりかけなき》一口」（現存せず）が草壁皇子から不比等に与えられた後、文武の即位に際して献上され、文武の崩御と共にまた不比等に下げ渡されて、不比等の死と共に聖武に献上されたと伝えています。つまりこの刀は文武朝、聖武朝には天皇の手元、元明朝・元正朝には不比等の手元にあったわけで、この刀は不比等が女性天皇の後見役だったことを示していたというのです。

首皇子の母親は不比等の娘・宮子《みやこ》ですから彼が新たな天皇の外戚となるために首皇子の即位にこだわったことはよくわかります。

従来の通説では、元明・元正は首皇子即位までの中継ぎだったとされています。長屋王という有力皇族がいる以上、首皇子が年齢的に即位しにくいとなれば長屋王に皇位を、という声が群臣から上がりかねない。そこで元明は、孫の首皇子に確実に皇位をもたらすために自ら即位し、さらに娘に譲位して時間稼ぎをしたというのです。

不比等黒幕説も彼女らが中継ぎにすぎない以上、不比等の傀儡だったに違いないという発想に基づいています。ところが作家の永井路子氏は、この通説に異を唱えています。

元正即位の時、首皇子はすでに15歳になっていました。これは文武が即位したのと同年齢です。つまり元明が中継ぎだったとすれば、和銅8年に退位するにしても氷高内親王ではなく首皇子に譲位すればいいだけです。

長屋王は、天武と御名部皇女の間に生まれた皇子です。永井氏は、元明が、系譜上の孫とはいえ藤原氏の血を引く首皇子よりも姉の子である長屋王の方に心を寄せていたと想定しました（永井路子『女帝の歴史を裏返す』）。実際、長屋王の妃は元明天皇の娘である吉備内親王ですし、長屋王が不比等のライバルでありながら有力皇族でいられたのは元明の庇護があったからと見るべきでしょう。

長屋王の存在を念頭に置けば、先に挙げた御名部皇女の歌も、私だけでなく私の息子も貴方を助けます、という含意があったと解釈できます。

養老4年（720）、不比等の逝去とともに長屋王は右大臣となり、元明上皇と元正の治世を助けます、その政策は不比等の律令国家建設路線を踏襲するものでした。

養老5年（721）には元明上皇崩御、3年後には首皇子がついに即位（聖武《しょうむ》天皇、在位724〜749）、元正は上皇となります。また長屋王は左大臣に昇格しました。

神亀6年（729）、長屋王は反乱をもくろんでいると密告され、六衛府（近衛隊）の兵に館を囲まれたために妃の吉備《きび》内親王とともに自決。この「長屋王の変」が不比等の子供たちすなわち藤原一族が外戚として実権を握るための謀略によるものだったことは正史『続日本紀』がその密告を「誣告《ぶこく》」（偽りの告発）と記すことで暗示しています。

聖武は東大寺の大仏発願（天平17年＝745、開眼は天平勝宝4年＝752）など奈良との結びつきが強い印象がある天皇ですが、一時期、国内の動乱に落ち着きを失い、遷都を繰り返したことがあります。

2012年1月、滋賀県甲賀市信楽《しがらき》町の宮町遺跡から大規模建物跡が発見されました。その建物跡は先に同遺跡で発見されていた大型建物跡とほぼ同規模で東西に並んでいました。また、東西対称構造の類似の遺構は京都府木津川市の恭仁《くにの》宮《みや》跡からも見つかっていました。

恭仁宮は聖武が新たな宮として建設しながら結局完成しなかった施設、宮町遺跡は聖武が天平12年（740）に離宮として建設した後、一時期は都としていた紫香楽宮《しがらきのみや》（甲賀宮）の跡と推定されています。

恭仁宮、紫香楽宮ともこの建物跡は内裏（天皇の住まい）であり、聖武は自分の住居と同規模の住居を並べて建てていたようです。おそらくこのもう一つの内裏は上皇たる元正のためのものであり、皇太子時代からの後見役として最期まで聖武の政務を共にとっていたことがうかがえます。

それは、甥を思う叔母の情からというより、不比等の娘にしてもう一人の共同執政者である光明《こうみょう》皇后（安宿媛《あすかべひめ》、光明子・藤三娘《とうさんじょう》、701〜760）とその背後にいる藤原一族への牽制という意図があったのかも知れません。

第6章

光明皇后と孝謙・称徳天皇

史上唯一の女性皇太子

2021年6月、奈良市の平城宮跡で東西27メートル、南北12メートル、50本もの柱が整然と並んだ大型建物跡が新たに発見されました。

高野《たかの》天皇こと孝謙《こうけん》天皇（在位749〜758）、重祚して称徳《しょうとく》天皇（在位764〜770）は、古代日本における最後の女性天皇であり、天武・持統系の皇統を終わらせたという点でも問題の人物です。彼女は聖武天皇と光明皇后の間の娘として生まれました。即位前の名を阿倍《あべ》内親王といいます。新発見の建物跡を発掘した奈良文化財研究所では、それが孝謙の宮殿と思われる旨発表しており、彼女の華やかな生活ぶりがうかがえます。

聖武と光明の最初の皇子である基王は生後1年ほどで病死、聖武のもう一人の皇子・安積親王は母方の後ろ盾がなかったために阿倍内親王は女性ながら立太子しました。天平10年（738年）、阿倍内親王21歳の時のことです。その後、天平16年（744）に安積《あさか》親王が17歳で急死し、皇太子・阿倍内親王は聖武のただ一人の子にして、天武・持統からの直系を受け継ぐ唯一の親王となりました。

皇太子時代のエピソードとして有名なのは、天平15年、上皇・元正と聖武がいた恭仁宮での五月節（現在の端午の節句）で五節舞を披露したことでした。『続日本紀』は聖武の言として、五節舞は、天武が天下の民を礼（礼義）と楽（音楽）で教化するために考案した舞であり、その教えを継承していくために皇太子にも習わせた、と伝えています。女性皇太子自らによる五節舞はいかにもあでやかですが、それは一方で女性であっても天武の王朝の後継者たりうるというデモンストレーションだったわけです。

天平20年（748）に元正上皇崩御、翌年の天平勝宝元年には聖武が阿倍内親王に譲位します。聖武は男性で初の上皇となりましたがその場で出家して宮中を出たため、孝謙朝においては、それまでの上皇が果たしてきた天皇の後見役にして共同統治者という役割は皇太后となった光明が果たすことになりました。

光明皇太后と藤原仲麻呂

光明皇后といえば不比等から受け継いだ邸宅である皇后宮を総国分尼寺・法華寺としてその境内に浴室（サウナ風呂）を設置し、皇后自ら千人の民の垢をかいたという話が有名です（法華寺は奈良県奈良市法華寺町に現存、境内の浴室は江戸時代の再建）。そうした伝説が生じ、さらに語り継がれたのも聖武・光明夫妻が実際に仏教に深く帰依していたからでした。娘である孝謙もその信仰を受け継ぎ、仏教国家建設の理想を抱いていました。

さて、孝謙即位の直後、光明は、自分の甥で太政官（律令が定めた最高行政機関）官僚の藤原仲麻呂《なかまろ》（後に改名して藤原恵美押勝《えみおしかつ》、706〜764）を参議から中納言に昇進させました。また、皇后として宮中の問題をとりしきるための機関だった皇后宮職を紫微中台《しびちゅうだい》と改名しました。その名は唐の玄宗皇帝（在位712〜756）に詔勅を作成していた紫微省《しび》と、女帝に即位する前の武則天が執政機関とした中台とに由来するものです。

紫微中台は軍事と行政に関する実務を行う機関となりました。そして、光明はその長官たる紫微令に仲麻呂を置いたのです。

これにより孝謙朝における仲麻呂の権勢は絶大なものとなりました。もともと仲麻呂は従姉妹の孝謙と皇太子時代から仲が良く、安積親王の急死についても孝謙即位を確実にする目的での仲麻呂による暗殺説があります。

天平勝宝4年（752）4月9日、東大寺大仏開眼の法要が聖武上皇、光明、孝謙ら臨席の下、厳かに行われました。その晩、孝謙は平城京にある仲麻呂の邸宅・田村第《たむらてい》に泊まりました。以来、孝謙は田村第を御在所としてしばしば滞在しました。

天平勝宝8年（756）、聖武上皇が皇太子として道祖王《ふなど》を指名した直後に崩御しました。道祖王は天武の子である新田部親王の子であり、天智系の血は入っていません。聖武は最後に天智―持統系の皇統を維持することをあきらめ、天武系の血筋を優先することにしたようです。

その直後、仲麻呂は宮中警護の親衛隊である授刀舎人《たちはきのとねり》と中衛舎人《ちゅうえとねり》を中衛府の所管とし、中衛大将に任じられていた自らの麾下に加えました。仲麻呂の軍権は強化されましたが、この時点では光明や孝謙にとって身内である仲麻呂の権勢が増すのはよいことでした。

天平勝宝9年（757）、孝謙は父の遺志に反して皇太子・道祖王を廃し、代わって大炊《おおい》王を立太子しました。大炊王の父・舎人親王は天武と新田部皇女（天智の娘）の間の子なので、大炊王も天智・天武双方の血を引いていることになります。

同年7月、太政官参議の橘奈良麻呂による孝謙廃位・仲麻呂排除のクーデター計画が発覚（橘奈良麻呂の乱）、その企てに加担したとして、皇族の黄文王《きぶみのおう》（高市皇子の子）、道祖王、重臣の大伴古麻呂《おおとものこまろ》、多治比犢養《たじひのこうしかい》、小野東人《おののあずまひと》、賀茂角足《かものつのたり》らが殺されました。彼らの死は『続日本紀』では「杖の下に死す」（取り調べでの拷問中に事故死した）と片付けられています。主犯である奈良麻呂がどうなったかは『続日本紀』にありませんが凄惨な最期だったことは想像に難くありません。これにより孝謙と仲麻呂は政敵を一掃したわけです。

天平宝字2年（758）8月、孝謙は大炊王に譲位しました。偉大な皇太后・光明の下、孝謙と仲麻呂、そして新天皇による政権運営は当初、順調に見えました。新天皇即位とともに仲麻呂は恵美押勝《えみおしかつ》の名を賜り、太保《たいほ》（右大臣）に就任、さらに天平宝字4年（760）正月には太師《たいし》（太政大臣）にまで出世しました。

また、天平宝字3年には平城京を改築する間の仮の都という名目で近江にもう一つの都を建設開始、保良《ほら》京と名付けられました（現滋賀県大津市の石山国分遺跡周辺か）。天平宝字4年には不比等に淡海公《たんかいこう》の称号が追号されており、近江が藤原氏の本貫であることが宣言される形になりました。

藤原仲麻呂の乱と淡路廃帝

　ところが天平宝字4年（760）8月に光明が崩御すると事態は一変します。それまで光明に抑え込まれていた3人の思惑の違いが表面化したのです。たとえば天平宝字3年頃から日本と新羅の間に外交上の諍いが生じており、仲麻呂は大規模な新羅出兵のための準備を進めていました。

　この時期の中国は安史《あんし》の乱（755～763、唐の反逆者・安禄山とその部下たちが起こした大規模動乱）の真最中で、唐は朝鮮半島情勢に介入する余裕がなく、仲麻呂もその情報を得て、今新羅に出兵すれば白村江の二の舞にはならないと推測していたようです。しかし、孝謙も天皇も軍事行動に同意しなかったようで結局うやむやになってしまいました。

　また、天平宝字6年（762）5月には孝謙と天皇が諍い、天皇は平城京の中宮院（内裏）に帰り、孝謙はそのまま法華寺に行って出家してしまうという騒動がありました。天皇と孝謙の平城京帰還により、保良宮を新たな首都にともくろむ仲麻呂の顔もつぶされました。

仲麻呂は天智と鎌足の時代を理想視し、保良京という形で近江京を再建し、白村江で失った朝鮮半島の利権を新羅出兵によって取り戻せば100年前の栄光が取り戻せると思っていたようです。この時代錯誤な認識には孝謙もついていけなかったのでしょう。

また、法華寺に入った直後の孝謙の詔には「小事《いさかけきこと》は今の帝《みかど》おこなひたまへ。国家の大事《おほきこと》、賞罰の二つのもとは朕《われ》おこなわむ」とあります。つまり孝謙は、国家の方針を定めたり、臣下の人事を管理したりなどといった重要な事柄は自分が行うから天皇は細々とした実務を片付けていればよい、と言っているわけで、これは天皇としては納得できないでしょう。

その同じ詔の中で、孝謙は、光明が自分を皇位につけたのは草壁皇子の皇統が絶えるのを防ぐためだったと告げています。これは草壁皇子の血を引いていない大炊王の即位には正統性はないと言っているも同然です。

こうして3人の足並みは乱れ、国家動乱の兆しが生じました。仲麻呂は孝謙と天皇を廃位して、別の皇子を皇位につけるというクーデターを思い立ち、密かに兵を集めました。

しかし、すでに人望を失っていた仲麻呂の企ては孝謙に筒抜けでした。中宮院には朝廷の軍権を動かす許可を出すための鈴印があり、仲麻呂はそれを奪おうと将兵を送ったのですが孝謙が派遣した将兵に阻まれて目的を果たせませんでした。

さらに孝謙は仲麻呂の位階を剥奪することを宣言し、貴族官僚への叙位を行いました。これで仲麻呂は有力者を新たに陣営に迎えることはできなくなり、麾下に残った将兵もことごとく朝廷の軍に打ち破られました。捕らえられた仲麻呂とその妻子は斬殺され、ここに恵美押勝の乱は終わりました。

仲麻呂を倒した孝謙は、天皇・大炊を廃位し、淡路公《たんろこう》としました（実質的には淡路島《あわじしま》への流刑）。天平神護元年（765）、淡路公は島からの脱走を図るも監視の兵に捕らえられ、その直後に死去（実際には刑死か）。

大炊は長らく、ただ「廃帝」もしくは「淡路廃帝」と呼ばれてきました（中国正史『新唐書』東夷伝日本条では「大炊」、『宋史』外国伝日本国条では「天炊天皇」、天炊は大炊の誤り）。彼に淳仁《じゅんにん》天皇という正式な諡号が与えられたのは明治3年（1870）のことでした。

道鏡と仏教国家

孝謙上皇はふたたび天皇として即位しました。すなわち称徳天皇です。称徳の治世において格段の出世を遂げた人物に僧・道鏡（?～772）と学者・吉備真備《きびのまきび》（695～775）がいます。真備は遣唐使として最新の学問を修め帰国するも仲麻呂にうとまれ、筑前守・肥前守・大宰大弐（大宰府の実質上の長官）などの地方官を務めました。真備を北部九州に配したのは中央の政界から遠ざけるとともに、新羅出兵の際には日本側の最前線ともなりうる九州の守りを固めさせるという仲麻呂の深謀もあったのでしょう。

造東大寺長官として平城京に呼び戻されていた真備は仲麻呂の乱勃発に際して唐で学んだ兵法により朝廷の軍を指揮し、それを機に称徳の信任を得ることになりました。

道鏡の俗姓は弓削連《ゆげのむらじ》、系譜上は物部守屋の子孫ということになります。当時、天皇・上皇の病気に際しては看病や平癒祈願の祈祷のために僧が招かれましたが、道鏡は孝謙上皇に気に入られ、仏法の師としての尊崇をも受けました。

天平宝字8年（764）9月、称徳は仲麻呂処刑の報告を受けるや、道鏡に大臣禅師という位を授けました。道鏡は辞退しましたが称徳は受け付けませんでした。

大炊の死の直後の天平神護元年（765）閏10月に道鏡は太政大臣禅師に昇進、天平神護2年には法王《のりのおおきみ》という位を授けられました。「法王」の称号は仏教界の王という意味にも、仏教を奉じる王という意味にもとれます。

「大臣禅師」「太政大臣禅師」「法王」など僧の位階とも世俗の役職ともつかない名称の肩書の創設は、称徳が道鏡を中心として仏教に新たな国家構想を打ち立てようとしたことを示しています。

『続日本紀』は法王としての道鏡について「載せるに鑾輿《らんよ》を以てす。衣服・飲食もはら供御《くご》になずらふ」(「鑾輿」とは天皇だけが乗ることができる特別な輿、「供御」とは天皇への捧げもの)と記しています。つまり朝廷で天皇と同等もしくは天皇に準じる待遇を受けていたということです。

なお、称徳は、道鏡に法王を授けたのと同時に、太政官の公卿筆頭だった藤原永手(714~771)を左大臣、吉備真備を右大臣に任じています。

神護景雲3年(769)、大宰府から、宇佐八幡宮(大分県宇佐市)より「道鏡を皇位につかしめれば天下太平」との神勅が発せられたとの奏上が朝廷に届けられました。称徳は重臣の和気清麻呂《わけのきよまろ》を宇佐八幡宮に派遣して真偽を確かめさせたのですが、清麻呂から偽勅であるとの報告があってもそれを信じず、かえって清麻呂とその姉の法均《ほうきん》（和気広虫《わけのひろむし》）を流罪に処してしまいました。

翌年（神護景雲4年、770）8月、称徳は享年53歳にて崩御。永手、真備らは天智系の皇族の白壁王（光仁天皇、在位770〜781）を急遽、皇太子に指名して即位させました。また、道鏡は法王位を剥奪されて下野薬師寺（現栃木県下野市・国史跡下野薬師寺跡）の別当に左遷、宝亀3年（772）に死んだ時には何の位階・官職もない庶人として葬られました。和気清麻呂と法均は流刑先から平城京に呼び戻され、名誉回復しています。

道鏡は悪人だったか？

『続日本紀』は、孝謙が道鏡を寵愛するのに廃帝（大炊）が異を唱えたことが両者の不和の原因となったこと、仲麻呂が、道鏡は先祖の物部守屋同様に朝廷の大臣の座を狙っているのではないかと疑い、それが蜂起の一因となったことなどを記しています。つまり、『続日本紀』の文脈では、孝謙の道鏡寵愛が、淳仁朝動乱の要因とされているのです。

また、称徳崩御に関する記述ではその治世を評して、孝謙朝は天皇が仏道に帰依して刑罰を避けていたのに、称徳朝では道鏡が権勢を恣《ほしいまま》にして刑罰を行ったのでむやみに人が殺されたとしています。さらに宇佐八幡の偽神勅については『続日本紀』は道鏡主犯の陰謀と決めつけています。要は大悪人の道鏡が称徳の寵愛を笠に着て世を乱したというのが『続日本紀』の歴史認識です。

『続日本紀』が完成した延暦16年（797）は、桓武天皇（在位781〜806）の御世でした。桓武は、天智系の光仁を父、渡来系氏族・和氏《やまと》（百済王家の子孫）の高野新笠《たかののにいがさ》を母として生まれており、天武系の血筋を一切受け継いでいません。

『続日本紀』は、天武系の皇統はなぜ断絶したか、天智系の皇統がなぜ再興したか、を説明する役割を果たさなければなりませんでした。そこで強調された物語が、女性天皇が続くことで天武系は衰微した、その最後の女性天皇である称徳は恋愛で目がくらみ、皇統ではない男に皇位を譲ろうとするほど血迷ったので、その皇統も断絶せざるを得なかったという筋書きだったのです。『続日本紀』が描いた道鏡の悪人ぶりは割り引いて考える必要があるでしょう。

私は、偽神勅事件に関しては、宇佐八幡宮の神官団にも、道鏡即位を勧めて称徳にとりいろうとする勢力とそれに反対する勢力との対立があったと考えています（原田実『幻想の多元的古代』）。

後世の学者や作家は、孝謙が仲麻呂の邸宅を宿舎にしたり、称徳が道鏡を寵愛したりしたことを重視し、彼女と男たちの間に恋愛関係があったことを強調する向きもありますが、それは恋愛感情を女性の弱点と見なし、彼女を貶めようとする『続日本紀』の術中にはまったものといえるでしょう。

また、称徳が皇統以外の者に皇位を譲ろうとしたことから、昭和後期の偽書を根拠に、彼女自身が皇室出身ではなかったとした論者もいます（たとえば佐治芳彦『謎の東日流外三郡誌』１９８０）。

いっぽう、平安時代や中世の系図に道鏡を施基皇子（天智天皇の子）の庶子と記すものがあることから、称徳は道鏡即位によって天智系の皇統に皇位を返そうとした、あるいは物部氏をヤマトの王権以前の先王朝の子孫とみなし、弓削氏は物部系ということで称徳と道鏡は先王朝を復興しようとしたなどという説もあります。

しかし、天平宝字6年の孝謙上皇の詔で自分が草壁皇子の直系であることを強調している以上、彼女が皇統ではなかった（と彼女自身が考えていた）ということはありえません。

また、道鏡を天智系とする系図は、称徳が道鏡への譲位を望んだということが後世の人には非常識すぎたからこそ作られたものとみなすべきです。

草壁皇子の直系が孝謙（称徳）しか残っていない以上、彼女が草壁皇子の皇統を残すには、早い時期に結婚して生まれた我が子に皇位を継がせるしかありませんでした。

しかし、男性優位社会への移行が進んでいたこの時代に、至尊であるべき皇太子なり天皇なりが夫を持つことは、それだけで秩序を混乱させるものです。孝謙（称徳）にとっては草壁皇子系の皇統を残せない以上、彼女は血統よりも、国を正しく導く人物かどうかを重視して後継者を定めようとしました。そして選んだのが、彼女の師であり仏教徒としての理想の体現者だった道鏡というわけです。

本来、仏教は出自による差別を否定する教えであり、称徳はその理想に忠実過ぎたことから仏教政治の実現のために皇族以外の者への譲位を行おうとしたのでしょう。

『続日本紀』はその称徳の理想を色欲に迷っての愚行として描きました。これにより女性天皇へのマイナスイメージが定着することで、女性皇族の即位は長らく行われなくなりました。また、道鏡の即位阻止が正義として描かれることで皇統への絶対性は強化され、万世一系（日本の天皇は代々同じ家系でのみ継承されてきた）は、単なる過去の事実の集積ではなく、未来においても守られるべき規範として多くの人々の意識に定着しました。

そして、その後の日本仏教は、社会での人の有り様は過去の因果（原因と結果の集積）によって定められているという思想で平等思想を覆い、身分制社会を維持・正当化するためのイデオロギーとして機能するようになっていったのです。

伝説と創作の世界へ

さて、『続日本紀』が作り上げた称徳と道鏡のイメージは後世の人々によって創作の題材にされたり、新たな伝説を生んだりもしました。

江戸川柳では、「道鏡は座ると膝が三つでき」「道鏡に崩御崩御とみことのり」「道鏡に根まで入れろとみことのり」などと品がない作品もあります。

山梨県早川町の奈良田《ならだ》温泉には孝謙天皇行幸伝説が伝わっており、孝謙を祭神にするという奈良法王神社や、伝説にちなんで「女帝の湯」と名付けられた町営の温泉施設もあります。とはいえ、法王といえば道鏡に授けられた位階であって、孝謙を「奈良法王」と呼ぶ史料はありません。

天明3年（1783）に国学者・萩原元克《はぎわらもとえ》が編んだ地誌『甲斐名勝志』の巻4には奈良田とその近くの鳳凰山の地名は奈良法王、すなわち下野国に流された道鏡に由来するものかとあり、どうやら奈良田と鳳凰山を道鏡に付会する説から奈良（平城京）の法王すなわち道鏡に関する伝説が生じ、さらにその奈良法王が道鏡から孝謙にすりかえられて現在の伝説が出来上がったようです。

称徳朝に世界をとった創作としては建部綾足《たけべのあやたり》（1719〜1774）の『本朝水滸伝』（安永2年＝1773）という怪作もありました。藤原仲麻呂や和気清麻呂を『水滸伝』の英雄好漢になぞらえ、道鏡が牛耳る朝廷への反逆を描いた冒険読み物で、唐の動乱からのがれた楊貴妃の来日などの伝奇要素も楽しい作品ですが、未完に終わったのが惜しまれます。

映像作品として特筆すべきは衣笠貞之助監督、市川雷蔵・藤由紀子主演の映画『妖僧』（大映・1963）です。道鏡と女帝の恋愛もテーマにはなっていますが、一方で、道鏡と女帝による政治改革が民を救い、若手官僚たちに希望を与えるが、女帝の崩御と守旧派の巻き返しでその志は挫折していくという新解釈の道鏡像をも描いた名画です。

第7章

「古代」の再来……明正天皇と後桜町天皇

院政を準備した女院たち

称徳を以て女性天皇が容認された時代としての古代は終焉を迎えました。古代末期、桓武天皇による平安京遷都（延暦13年＝７９４）から12世紀末の武家政権成立までの約4世紀がいわゆる平安時代です。

藤原不比等の子孫は南家・北家・式家・京家の４つの家系に分かれていますが、そのうち不比等の次男・房前《ふささき》を祖とする藤原北家は平安時代初期に摂政・藤原良《よし》房《ふさ》（８０４〜８７２）を出しました。以来、長らく天皇の補佐である摂政・関白の職は藤原北家が独占するようになりました（摂政・関白を出す家柄ということで藤原北家は摂関家《せっかんけ》・摂家《せっけ》とも呼ばれます）。

平安時代の天皇の后妃には摂関家出身の女性が多く、摂関家の男性は皇室の外戚として摂政・関白を務めるという形をとっていました。

さて、その平安時代には、女性天皇こそいませんが、制度上、上皇とほぼ同格とみなされた女性がいました。すなわち「女院」です。

「院」は通常、上皇に捧げられる号ですが、天皇の生母（国母）で摂関家出身の者は上皇に準じる待遇を受けるべきとみなされたため、特に女院という称号が設けられたのです（国母以外にも皇女や、皇室に対して功労があった女性などに女院号が授けられた例もある）。

史上初の女院は東三条院《ひがしさんじょういん》・藤原詮子《せんし》（９６２〜１００２）です。詮子の父の藤原兼家《かねいえ》（９２９〜９９０）は摂政・関白・太政大臣を歴任して摂関家の最盛期をもたらした人物で、あの「この世をば我が世とぞ思ふ望月の欠けたることもなしと思へば」という歌を詠んだ藤原道長（摂政・太政大臣、９６６〜１０２８）は兼家の子、詮子からは弟にあたります。

詮子は円融《えんゆう》天皇（在位９６９〜９８４）の後宮に入って第一皇子を産み、その皇子が一条《いちじょう》天皇（在位９８６〜１０１１）に即位してからは国政に関与しました。弟・道長の出世も詮子の支持あってのものです。

この時期の摂関家の動向については藤原実資《さねすけ》（957〜1046）の日記『小右記《しょうゆうき》』にくわしいです。実質は藤原北家の出自ながらその家は摂関家から外れ、政敵である道長について批判的に記しました。それが今では皮肉にも道長とその家族の活躍ぶりを伝える史料になっているのです。先の道長の歌も有名な歌集に収められているわけではなく、道長の驕りを示すために宴席で歌われたものを実質が書き残したものでした。

『小右記』には詮子について「母后また朝事をもっぱらにす」と記しました。詮子が朝事（政治）に熱心で官職の人事を掌握しているため、自分はまた昇進を逃したという嘆きの一節です。

道真の娘で一条天皇の皇后、後一条天皇（在位1016〜1036）・後朱雀天皇（在位1036〜1045）の生母だった上東門院《じょうとうもんいん》・藤原彰子《しょうし》（988〜1074）について『小右記』は「賢后と申すべし」と評しました。道長が招待客に無理を強いるような宴席を開こうとしたのを彰子が理を説いて止めさせたと聞いた感想です。彰子は、国文学の世界では紫式部・和泉式部・赤染衛門ら女流作家・歌人を擁した文芸サロンの庇護者として有名ですが、一方では詮子と同様、あるいは詮子以上に政治にも手腕を発揮しました。

たとえば彰子は、自分が摂政・関白の内覧（天皇への書面）を閲覧する権限を朝廷に認めさせ、太政大臣の任命をも行っています。

平安時代後期には上皇が天皇の補佐という名目で「治天《ちてん》の君《きみ》」（事実上の統治者）として国政を行う院政が定着しますが、その実務の形式は彰子が女院として政治に関与した先例を踏まえてのものであったことを服藤早苗氏が考証しています（服藤早苗編著『平安朝の女性と政治文化』）。

女性上皇が天皇の後見役として政務を執るというかつての制度と、摂関家との関係を保ちつつ上皇が統治者となる院政との橋渡しともいうべき役割を果たしたのが摂関家出身の女院だったといえるでしょう。

ちなみに院政時代においても保元《ほうげん》の乱（１１５６）において平清盛を動かし後

白河天皇方に勝利をもたらした美福門院《びふくもんいん》・藤原得子《とくし》（近衛天皇の生母、1117～1160）のように国政に関与した女院がいます。

また、南北朝時代にも光厳天皇（在位1331～1333）、光明天皇（在位1336～1348）の母、広義門院・西園寺寧子《さいおんじねいし》が北朝の治天の君を務めた例があります。

江戸時代の女性天皇

古代でいったん断絶した女性天皇は江戸時代になってから再登場します。明正《めいしょう》天皇（在位1629～1643）は後水尾《ごみずのお》天皇（在位1611～1629）と徳川家から入内した皇后・源和子《まさこ》（徳川幕府第2代将軍・秀忠の娘、女院号・東福門院）の間に生まれた娘です。

後水尾は、幕府が朝廷に干渉し、それまで朝廷が仏寺などの宗教界に有していた権限まで奪おうとするのを嫌い、退位という形での抗議をもくろみました。しかし、当時の朝廷には代わって即位すべき皇子がいなかったため、後水尾は当時７歳だった娘の興子《おきこ》を内親王とし、その年のうちに譲位したのです。その際、後水尾は生母である中和門院・近衛前子《さきこ》（１５７５〜１６３０）に相談したところ、「若宮御誕生の上、御譲位あるべき事」という条件をつけた上で許されました。つまり、後水尾に男子をなし、その男子が成長するまでの中継ぎとしてなら女性天皇でもかまわないというわけです。

幕府のブレーンだった儒者・林羅山《はやしらざん》（１５８３〜１６５７）は「女帝、上代よりほど久しき事、その上、然るべき例これなし」（女性天皇は古代以来、長い間立たれたことはないし古代にも治世がうまくいった例はない）と反対しており、秀忠も後水尾退位の知らせに不快の意を表しましたが、その後も後水尾は明正を傀儡に院政を敷き、幕府相手に駆け引きを繰り返しました。

結局、和子が皇子を産むことはなく、明正は別腹の弟に譲位しました（後光明天皇、在位1643〜1654）。その際、幕府は、上皇となった明正に対し、朝政への参加や独自の催しの開催を禁止し、その行動にさまざまな制限を設けました。明正の崩御は元禄9年（1696）、享年74歳でした。

ところで幕府では後水尾の動向をかつての武将・細川三斎《さんさい》（細川忠興《ただおき》、1563〜1646）に調べさせていましたが、三斎はその報告書の中で恐ろしいことを書いています。

所司代《しょしだい》（京都の治安を司る幕府の機関）が和子の子以外の子以外の皇子・皇女を殺したり、生まれる前に流産させたりを繰り返したために後水尾は幕府を恨んでいるというのです。実際、明正の異母兄・加茂宮はわずか5歳で急死しています（今谷明『武家と天皇』）。

退位後の明正も所司代の監視下にあったでしょうから、行動の制限はあったとはいえ彼女が天寿を全うしたこと自体に安堵せざるを得ません。

後桜町《ごさくらまち》天皇（在位1762〜1771）は桜町《さくらまち》天皇（在位1735〜174

7）の皇女・智子《としこ》です。弟の桃園天皇（1747～1762）が崩御した時、その皇子（後の後桃園《ごももぞの》天皇、在位1771～1779）がまだ5歳だったため、中継ぎとして即位しました。

甥の後桃園も早くに崩御したため、後桜町は上皇となってからも多忙な日々を送りました。傍流の皇族から急遽、後桃園の養子だったということにして擁立された光格《こうかく》天皇（在位1780～1817）を補佐しました。光格が、自分の実父に、本来は皇位についたことがある者にしか許されない太上天皇の称号を贈ろうとして幕府と対立した時、後桜町は光格をたしなめて幕府との関係調整を行いました。

後桜町は御製の和歌は千数百首、日記は41冊を数え、漢学に明るい公卿を招いて御進講もさせたという教養人で、その教導を受けた光格は故事に基づく朝廷の儀礼復興を行い、長年の武家政治の時代に衰えていた皇室の権威を回復に向かわせました。

後桜町の心遣いが表れたエピソードとして、天明7年（1787）6月に起きた「御所千度参り」事件への対処があります。時はまさに天明の大飢饉の最中、生活苦に陥った民衆が近畿地方広域から京都に押し寄せ、御所を包囲したのです。朝廷・公家・寺社は集まった民衆に食料を配って騒乱を鎮めようとしましたが、中でももっとも喜ばれたのは仙洞御所（上皇の住まい）からの荷でした。後桜町は、旧暦6月（現在の暦で7月頃）の炎天下に集まった民衆のために大量のりんごを調達したのです。当時のりんごの品種は酸味が強くて喉の渇きをいやすのにむいていました。朝から1人1個ずつ配られた3万個ものりんごは昼前には残らずなくなったと伝えられています。

文化10年（1813）後桜町崩御。朝廷は後桜町院の院号を贈りました。享年74歳。院号は光格の代に廃止されたため、彼女は院号を受けた最後の天皇となりました。

年少の天皇の後見役を務めたということで後桜町は、古代の女性天皇が果たした役割を近世に再現した趣があります。とはいえ、天皇としての明正・後桜町があくまで皇子が成長するまでの中継ぎに徹したことが、古代の女性天皇も単なる中継ぎだったという「常識」の強化につながったことは否めません。

おわりに

私の妻・賀久子（詩人・シャーロキアンの松本賀久子）は、趣味の関係で英国や米国の多くの友人とメールのやりとりをしていたのですが、10年ほど前、海外の友人たちの間で「愛子さま」（愛子内親王殿下）人気が高まっていることを教えてくれました。

英語圏の報道では通常、日本の天皇は〝The Emperor〟（皇帝）と表現されます。したがって女性天皇の称号は英語圏では〝The Empress〟（女帝）ということになるわけです。

西洋史では、オーストリア大公国のマリア・テレジア（オーストリア大公・ハンガリー女王としての在位1740～1780）や、ロシア帝国のエカチェリーナ2世（在位1762～1796）のように国家に繁栄をもたらした女帝がしばしば登場します。

大英帝国最盛期の象徴的人物であるヴィクトリア女王（イギリス女王としての在位１８３７〜１９０１）にしてもインド皇帝としてEmpressの称号を有していた時期がありました（在位１８７７〜１９０１）。

〝The Empress〟はそうした西洋史の女帝たちの強く艶やかなイメージを喚起させる称号です。そして、海外の愛子さまファンからすれば、愛子さまこそ現代の世界で唯一、〝Empress〟になりうる女性だったわけです。

もちろん、現代日本における皇室の規範となる皇室典範（１９４７年公布）では、その第1章第1条で「皇位は、皇統に属する男系の男子が、これを継承する」と定められていますから、現行制度上は愛子さまが女性天皇になることはありえません。

しかし、今後の皇室の存続を考えるなら女性天皇、さらに進んで女系天皇や女系による宮家相続の容認を議論しなければならないでしょう。

将来的には「皇統に属する男系の男子」に、次期皇位継承者が見当たらないという状況になることは十分ありえます。

男系での皇位継承にこだわる立場からは、その状況を防ぐために、旧宮家の復興、（男子が生まれる可能性を増やすための）後宮制度の復活などの提案がなされてはいます。

しかし、2003年に発覚した自称有栖川宮詐欺事件に見られるように、廃止から何十年も経た旧宮家の復興話はただでさえうさんくさい人物に目をつけられやすいものです。さらに正式の事業となれば、宮内庁の予算から巨額の皇族費が動くわけで、一歩間違えば皇室の権威を損なう事態になりかねません。

また、後宮制度は民法第732条で定める重婚禁止（一夫一婦制の維持）と矛盾するものであり、皇室のみの特例としたところで国民多くの感情的反発を招くものでしかないでしょう。そして、現代の民法が定める相続制度が相続人に男女平等の権利を認めるものとなっている以上、皇位継承や宮家存続についても女系の可能性を認める方が、それこそ旧宮家復興や後宮制度復活よりも多くの国民にとって受け入れやすいはずです。

本書で見てきたように古代日本の女性君主・女性天皇は男性と同様、統治者としてその責務を果たしていました。女系による皇位継承がなかったのは女性天皇が最初から中継ぎと定められていたからではなく、結果論にすぎません。

現代日本の天皇の地位は統治者ではありませんが、それだけに男系による継承に固執する必要もなくなっているとみるべきでしょう。

日本国憲法は、現代日本の政体を、国民主権の民主主義国と定めていますが、一方で1973年6月28日参議院内閣委員会における吉國一郎内閣法制局長官(当時)の答弁では、日本国憲法における天皇の地位は立憲君主制とも解釈できるとされています。

「君主制をさらに専制君主制と立憲君主制に分けるといたしますならば、わが国は近代的な意味の憲法を持っておりますし、その憲法に従って政治を行う国家でございます以上、立憲君主制と言ってもさしつかえないであろうと思います。

もっとも、明治憲法下におきまするような統治権の総攬者としての天皇をいただくという意味での立憲君主制でないことは、これまた明らかでございます」

私は、現代日本における立憲君主制と民主主義の併存は、歴史的経緯はどうあれ、権力と国家の権威とを分離して、憲法による束縛で権力の暴走を防ぐとともに権威によって国家の歴史的連続性の継承を図るという英知の結晶であると思っています。私はその英知の存続のために女系天皇の容認を支持するものです。

30年間、私と共に歩んでくれた賀久子に感謝を捧ぐ

2022年1月7日

原田　実

主要参考文献

石井公成『聖徳太子』春秋社・2016
稲賀敬二『文学誕生』PHP研究所・1983
今谷明『武家と天皇』岩波新書・1993
上田正昭『藤原不比等』朝日新聞社・1978
上田正昭『私の日本古代史（下）』新潮選書・2012
上山春平『埋もれた巨像』岩波書店（同時代ライブラリー）1997
梅原猛『海人と天皇』上下・朝日新聞社・1991
遠藤慶太『六国史』中公新書・2016
小笠原好彦『古代豪族葛城氏と大古墳』吉川弘文館・2017
鎌田元一編『古代の人物1　日出づる国の誕生』清文堂出版・2009
河内春人『日本古代君主号の研究』八木書店・2015

河村哲夫『神功皇后の謎を解く』原書房・2013
岸俊男『藤原仲麻呂』吉川弘文館・1969
坂田隆「不改常典」『季刊／古代史の海』42号所収・2005年12月
坂本太郎『史書を読む』中央公論社・1981
坂本太郎『日本古代史叢考』吉川弘文館・1983
鷺森浩幸『藤原仲麻呂と道鏡』吉川弘文館・2020
佐藤信編『古代史講義―邪馬台国から平安時代まで』ちくま新書・2018
清家章『卑弥呼と女性首長〈新装版〉』吉川弘文館・2020
関根淳『六国史以前』吉川弘文館・2020
高島正人『藤原不比等』吉川弘文館・1997
瀧浪貞子『日本古代宮廷社会の研究』思文閣史学叢書・1991
瀧浪貞子『光明皇后』中公新書・2017
武澤秀一『持統天皇と男系継承の起源』ちくま新書・2021

田中良之『骨が語る古代の家族』吉川弘文館・2008
遠山美都男『天武天皇の企て』角川選書・2014
直木孝次郎『持統天皇』吉川弘文館・1960
永井路子『女帝の歴史を裏返す』中公文庫・2009
中西康裕『続日本紀と奈良朝の政変』吉川弘文館・2002
成清弘和『日本古代の王位継承と親族』岩田書院・1999
服藤早苗編著『平安朝の女性と政治文化』明石書店・2017
原田実「蘇我大臣家の宗教的立場について」『季刊／古代史の海』30号所収、2002年12月
原田実『幻想の多元的古代』批評社・2000
原田実『ヨシノガリNOW』梓書院・2003
原田実『邪馬台国浪漫譚』梓書院・2004
原田実『つくられる古代史』新人物往来社・2011

原田実『トンデモニセ天皇の世界』文芸社・２０１３
原田実「邪馬台国の謎は『日本書紀』から生まれた」（別冊宝島『古代史15の新説』宝島社・２０１６）
原田実『偽書が描いた日本の超古代史』ＫＡＷＡＤＥ夢文庫・２０１８
原田実『天皇即位と超古代史』文芸社文庫・２０１９
原田実『捏造の日本史』ＫＡＷＡＤＥ夢文庫・２０２０
原田実『偽書が揺るがせた日本史』山川出版社・２０２０
半沢英一『天皇制以前の聖徳太子』ビレッジプレス・２０１１
平林章仁『物部氏と石上神宮の古代史』和泉書院・２０１９
藤田覚『幕末の天皇』講談社学術文庫・２０１３
古橋信孝編『天皇制の原像』至文堂・１９８９
前田晴人『桓武天皇の帝国構想』同成社・２０１６
森田悌『推古朝と聖徳太子』岩田書院・２００５

元木泰雄編『古代の人物6　王朝の変容と武者』清文堂出版・2005
義江明子『日本古代女帝論』塙書房・2017
義江明子『つくられた卑弥呼』ちくま学芸文庫・2018
義江明子『推古天皇』ミネルヴァ書房・2020
義江明子『女帝の古代王権史』ちくま新書・2021
吉重丈夫『女性天皇とその歴史』PHPエディターズ・グループ・2020
吉田晶『卑弥呼の時代』吉川弘文館・2020
歴史科学協議会編『知っておきたい歴史の新常識』勉誠出版・2017
渡辺晃宏『日本の歴史04　平城京と木簡の世紀』講談社学術文庫・2009
別冊歴史読本『皇位継承の危機』新人物往来社・2005
『歴史読本』2007年10月号別冊付録「天皇家〝謎のご落胤〟伝説」

●著者プロフィール
原田実（はらだ・みのる）
1961年広島市生まれ。龍谷大学卒業。八幡書店勤務、昭和薬科大学助手を経て、歴史研究家。と学会会員。ASIOS（超常現象の懐疑的調査のための会）会員。市民の古代研究会元代表。偽史・偽書の専門家。著書多数。

マイナビ新書

教養として学んでおきたい女性天皇

2022年1月31日　初版第1刷発行

著　者　原田実
発行者　滝口直樹
発行所　株式会社マイナビ出版
〒101-0003　東京都千代田区一ツ橋2-6-3　一ツ橋ビル2F
TEL 0480-38-6872（注文専用ダイヤル）
TEL 03-3556-2731（販売部）
TEL 03-3556-2735（編集部）
E-Mail pc-books@mynavi.jp（質問用）
URL https://book.mynavi.jp/

装幀　小口翔平＋三沢稜＋後藤司（tobufune）
DTP　富宗治
印刷・製本　中央精版印刷株式会社

　ISBN978-4-7399-7795-5

Printed in Japan